金冲及文丛

一本书的历史

胡乔木、胡绳谈
《中国共产党的七十年》

金冲及

生活・讀書・新知 三联书店

Copyright © 2020 by SDX Joint Publishing Company.
All Rights Reserved.

本作品版权由生活・读书・新知三联书店所有。
未经许可,不得翻印。

图书在版编目(CIP)数据

一本书的历史:胡乔木、胡绳谈《中国共产党的七十年》/金冲及编.—北京:生活・读书・新知三联书店,2020.3 (2025.1重印)
(金冲及文丛)
ISBN 978-7-108-06724-1

Ⅰ.①—… Ⅱ.①金… Ⅲ.①中国共产党-党史-编辑工作 Ⅳ.①D23②G232

中国版本图书馆CIP数据核字(2019)第269177号

责任编辑	唐明星	王海燕
装帧设计	蔡立国	刘 洋
责任校对	张国荣	
责任印制	卢 岳	

出版发行 生活・讀書・新知 三联书店
(北京市东城区美术馆东街22号 100010)
网　　址 www.sdxjpc.com
经　　销 新华书店
印　　刷 北京隆昌伟业印刷有限公司
版　　次 2020年3月北京第1版
　　　　　2025年1月北京第5次印刷
开　　本 635毫米×965毫米 1/16 印张20.25
字　　数 169千字 图11幅
印　　数 26,001-29,000册
定　　价 48.00元

(印装查询:01064002715;邮购查询:01084010542)

1986年中央党史工作领导小组组长杨尚昆与金冲及,摄于毛家湾

1992年中央党史工作领导小组副组长胡乔木(右)与逄先知(中)、金冲及(左),摄于胡乔木寓所

1988年中央党史工作领导小组副组长薄一波与金冲及,摄于中南海

1988年中央党史工作领导小组副组长邓力群与金冲及,摄于中南海

1991年中央党史工作领导小组副组长胡绳与金冲及,摄于玉泉山

1991年《中国共产党的七十年》编写组部分成员，左起龚育之、金冲及、胡绳、郑惠，摄于玉泉山

1991年胡绳与金以林，摄于玉泉山

中国社会科学院

冲及同志：

　　信的二、三页早已遵嘱看过。个别有些地方，是经了改动使原意；有些地方，是删改以后我觉不清，稍加几个字。但因不是逐段看原稿，是否改得妥当，请再斟酌一下。公用的是红笔，括弧为我加上去。

　　对仁末说，我也删去了一些。但删得不多，未清正月。

　　问之同志寄来沙河同志改的稿一寄，是与老兄寄的稿一起读。

　　祝好。

　　　　　　　　胡绳 一，七，1992

胡绳为《七十年》缩写本致金冲及函

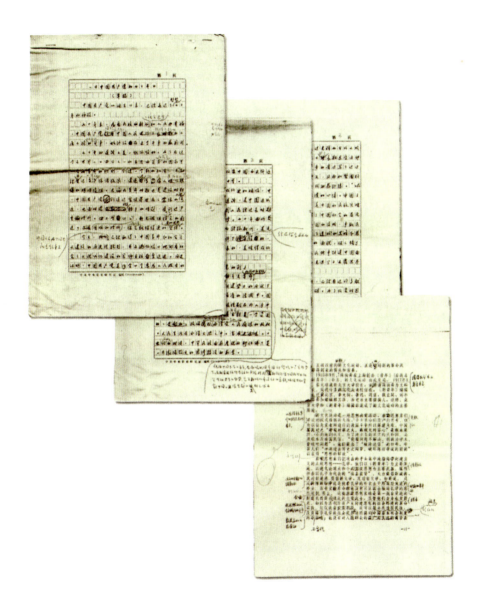

胡绳修改金冲及撰写《七十年》初稿的底稿

金冲及笔记：中央党史领导小组会议记录

金冲及党史笔记本

目 录

前 言 1

一 编写任务的提出 7

二 编写大纲的拟订 32

三 上玉泉山修改初稿（上） 51

四 上玉泉山修改初稿（下） 142

五 中央党史工作领导小组批准本书出版 205

六 举行出版座谈会 240

附 录 249

附录一 胡乔木：写党史要有三个新的态度 249

胡乔木：从大革命到抗战时期党史的若干问题 278

胡乔木：关于《毛泽东思想概论》 291

附录二 胡 绳：在毛泽东研究述评会上的讲话 298

附录三 金冲及：忆胡绳同志 308

前　言

　　我在1990年和1991年参加了编写《中国共产党的七十年》这本书的全过程，有幸听过先后主持这项工作的胡乔木、胡绳两位同志许多次讲话。

　　说"有幸"，不是例行的套话，而是由衷之言，因为这种机会并不容易得到。第一，胡乔木和胡绳是公认的中共党史研究的大师。他们是党的历史中许多重要事件的亲历者，又长期领导党史研究工作，有着很高的理论思维能力，在随便谈话中也往往能对党史说出一些常人没有想到的重要看法，可以启发人们去思考。第二，因为要编写一本简明的中共党史，反复讨论，工作时间持续近一年，胡乔木始终极为关心这本书的写作，胡绳更在大半年时间几乎全力以赴地主持这项工作。他们在这过程中，一直在认真地思考，不断提出许多问题来探讨，所以谈话的内容几乎涉及这七十年党史中的各个重要问题。如果没有这种特定条件，很少能听到他们这样系统地发表对中国共产党历史的意见。这实在是十分难得的。

《中国共产党的七十年》出版后，受到各方面的重视，刚出版就发行了五百多万册。直到二十多年后的今天，对党史的学习和研究仍保持着很大影响。而系统地看看胡乔木、胡绳两位那么多次的讲话，对读者了解这本书的基本思路和一些问题为什么要那么写，对提高党史工作者的思考和研究能力，都是有益的。

他们讲话时，大多只有四五个人在场，并不是准备发表的。由于长期的职业习惯和训练，我对他们的讲话始终做了详细的记录。有两个有利条件也便于我能够详细地做好记录：一是他们讲话的速度都比较慢，常常是一面思考一面讲，有时还有些停顿的间隙；二是他们都是江苏人，说话带有口音，而我的祖籍也是江苏，尽管他们说话的声音有时很低，我也能听清楚。所以，自信能把他们讲话的绝大部分内容记下来。

这些记录在我的笔记本中搁置了二十多年。现在我也八十四岁了。记的时候，为了图快，字迹相当潦草，不易辨识。有些话对不了解当时语境的人来说更不容易看明白。将来成为废纸也实在可惜，心里总觉得欠了一笔账，一直想把它整理出来，对后人还有点用。

当然，要整理也有顾忌：他们两位都不在了，我不敢肯定整理的记录是否百分之百都符合他们的原意。记录的字迹太潦草，有的地方连我自己也认不清了。还有，这些讲话当时在场的几乎都只有几个人，所以他们说话比较随便，有些是他们正在思考的问题，未必都是考虑成熟的意见，把它发表出来好不好？但想来想去，这些记录下来的讲话中包含着很多珍贵的精神遗产，可以给人们以启迪。只要说明这只是记录稿，不是他们字斟句酌后写定的文章，整理出来总比变成废纸好，所以还是硬着头皮做了这件事。至于记录和整理中难免有少数同原来讲话有出入的地方，现在也无法再请他们自己核校了，如果有错误，只能由我负责，我想读者会谅解的。

因为大多数场合参加谈话的人很少，讲话比较随便，只要听的人明白就行了，所以有些地方他们的话讲得很简单，甚至有说半句的。为了便于读者明白，少量地作了些注，用不同字体来排印。

还要考虑这些话是二十多年前说的。历史的实践发展得很快，人们的认识也发展得很快，有些问题，他们后来的看法也会有变化，但这是历史记录，不能拿后来的认识去修改他们在二十多年前所说的话。只要读者把它放在二十多年前的历史条件下来读，就不会有什么误解了。

整理的工作量不小，我年纪大了，又不会用电脑打字，确实有点望而生畏，所以采取由我拿着记录本子读，金以林录音、整理，再经我多遍根据原记录仔细核校的方式定稿。这是目前比较可行的办法。其中有一小部分，即五、六两部分，附录一的（三）和附录二，是我直接根据笔记本整理的。

　　书中还有三个附录。一个是在这前后胡乔木有关党史的三篇讲话。前两篇谈的是编写《中国共产党历史》第一卷的有关问题。内容和稍后编写《中国共产党的七十年》直接有关。因为胡乔木指定我对这本书第二编（也就是大革命时期那部分）做了一遍修改，所以参加了那两次谈话。参加的人很少，记得只有中央党史研究室的沙健孙、郑惠和我三个人。这两篇在《胡乔木谈党史》一书中收入了经过整理的记录稿，这次我又根据自己的记录进行仔细核校后做了修改和补充，也收入本书。后一篇是胡乔木同逄先知和我的谈话，谈的内容都是有关毛泽东的，没有发表过。附录二是胡绳在该书出版后不久在毛泽东研究述评会上的讲话，记得也没有发表过。另一个附录是我写的《忆胡绳同志》，曾刊载在《党的文献》上，内容大多是记录了胡绳有关党史研究的议论，也附作参考。

　　书稿整理完后，忽然有一个感想，书名也可以称作《一本书的历史》，因为它是依据真实可靠的第一手历史资料来写的，是一本历史著作怎样写成的历史，特别是讲讲胡乔木、胡绳这两位大师为它付出了怎样的心血。这对后人可能会有启迪。

最后还得再重复一遍：书中这些话是胡乔木、胡绳他们在二十三年以至二十四年前说的，有当时的历史背景，一些问题正在思考中，记录也不敢说绝对没有记错的地方。这些，相信读者是可以理解的。

2014 年 8 月

一 编写任务的提出

《中国共产党的七十年》的编写,是中共中央党史工作领导小组提出来的。这个领导小组成立于1985年3月,由杨尚昆任组长,胡乔木、薄一波任副组长(以后又增加了邓力群和胡绳两个副组长),但没有组员。人选由中共中央政治局常委会讨论确定。中共中央党史研究室是它的办事机构。

那时党史著作往往只写到1949年,少数写到1956年,只有个别的写到改革开放。中央党史工作领导小组早就有意尽快写出一部完整的中共党史,还考虑写一部篇幅不太大、便于更多人阅读的党史简本。

正式提出编写《七十年》这本书,是在1990年3月8日召开的"全国党史工作部门负责人座谈会"上。这样的会以前还不曾开过。

当时还有一个背景:中国刚经历了1989年那场政治风波,国际上先后出现东欧剧变和苏联解体。社会上思想比较混乱。海外有的人甚至扬言：20世纪最大的政治遗产就是社会主义的试验和破产。国内也有些人感到困惑。这就把加强党史研究、宣传和教育的任务更加突出地提到人们面前，要使大家更多地了解中国共产党究竟是怎样的一个党：如实地回顾中国共产党七十年来是怎样一步一步走过来的，它做过些什么，对国家和民族发挥了什么作用；还要正确地总结党的历史上的经验和教训，进行具体分析，对的就是对的，不对的就是不对的，分清是非，对人们关心的一些重要问题做出回答；要科学地说明中国为什么必须在中国共产党的领导下，走中国特色社会主义道路，而不能走其他道路。这在当时和以后，都十分重要。

在座谈会上，薄一波、胡乔木、胡绳三人讲了话。

会上没有确定"中国共产党的七十年"这个书名。后来，因为第二年就是中国共产党诞生七十周年，邓小平为准备出版的大型画册题写书名时用了这几个字，就决定这部简明的党史也用它作为书名。

薄一波：这么多研究党史的同志在一起开会，还是第一次。现在我们急需有一部好的党史，写出来供大家看。现在是越来越需要，因为参加过这些事情的人，听到过的人，已经不多了，所以刻不容缓。这部党史是不容易写的。我想尽我们的力量写一部历史，要写得真实。我们犯过"左"倾的路线错误有三次。毛主席领导以后，总算顺利。进城以后，毛主席在社会主义革命和建设方面功劳是很大的，现在有党的十一届六中全会做出了决议。苏联过去对斯大林是不能批评的，现在又全盘否定斯大林。至少五年计划、第二次世界大战那样一个局面，你全盘否定总不那样妥当。现在又进一步否定列宁，同时也否定十月革命。我们要实事求是地写一部中国共产党的历史，留给后人看，也有现实的意义。

90年代了，我们还在建设社会主义，还在坚持四项基本原则。十一届六中全会以后，我感到我们的党还是高明的。没有把毛主席否定了，我看比他们的党要高明。他们是自毁长城。历史还是要按照历史唯物主义写出来，这是一定会受大家欢迎的。最近爆发的东欧剧变，让我们想到了这个问题。

第二个问题。过去我们党史研究室、文献研究室、党史征集委员会力量比较分散。现在党史研究室和党史征集委员会合并，这是好的，力量集中，可以经常共同切磋。我们也曾想把李琦那一摊（注：指中央文献研究室）加进来，但是他们那里的担子已够重了，没有那样做。尽管这样，大家还可以相互来往。党研室和党史征集委员会合并有很重要的意义。因为要写党史必须征集史料，合在一起大有好处。写历史，就是要真实。我接触到的问题不多，比如拿山西的党史来说，我算是半老。活着的同志中，彭真同志比我年纪大。对山西党史至少开始那一部分，我不知道的事他清楚。比如王仲一，是北大的学生，六大的中央候补委员。他在山西很有名。但是他在六届三中全会以前已经被开除了。后来罗章龙搞非常委员会，他又加入了那个派系，到北方活动。这个人在国民党的反省院蹲过，精神失常，后来就病故了。我接到一些信说这个同志是革命的，地方上也有些同志坚持说这个人是革命的，因为他没有出卖过同志。但是，他的历史，不能说明他是革命的。所以写党史，史料甄别是很困难的。现在还有些老同志在。等他们不在了，就很难说清楚了。所以党史资料征集工作很重要，要加以判断，这是一点意见。

第三，不只是我们党搞了六十多年。东欧发生动乱以后，苏联国内也搞得很乱。它会怎么影响我们？这很重要。我们党内绝大多数同志在东欧事变以后得出一个结论，即使过去怀疑过六四事件的一些同志，并不是不好的同志，在东欧发生事变以后也觉得中国这样处理很重要。否则，我们的国家就会像东欧国家一样。但还有少数人，本来也是党员，像严家其这一批人，认为这件事说明中国本来就不应该搞社会主义，是犯了大错误，东欧事件证明不搞社会主义是对的。我们现在写一部正确的党史，多少年后还是有用的。许多国家现在不坚持社会主义了，但是还有同我们志同道合的。就是动乱了的国家，一部分党员也还是对中国寄予不少希望。我们没有本事号召全世界成立第三国际，还是把自己的事搞好，站住脚，把自己发展下去很重要。

看到参加这次会议的有这么多人，我也很兴奋。我看过几本党史，特别是关于华北的，一翻就有错误。现在集中这么多研究党史的同志，把党史搞起来，很宝贵，很难得。乔木同志也非常关心这件事。写出这样一部党史很重要。

胡乔木：在平息了去年春夏之交的政治动乱和反革命暴乱之后，在全党大力加强党的建设，加强思想政治工作的今天，中央党史研究室邀请全国党史工作部门的代表举行座谈会，这是非常必要的。党史工作是党的思想工作的一个重要部分。邓小平同志说，我们要用历史来教育青年，教育人民。他所指的主要就是要向青年和人民进行关于中国现代史、中国革命史和中共党史的教育。党史工作座谈会的主要任务，就是要研究如何加强党史的研究、宣传和教育，来更有效地教育青年、教育人民、教育全党。我祝贺这次座谈会能够取得预期的成功。

大家知道，去年春夏之交的七十天的政治风波之所以发生，是当时的国际大气候与国内小气候所决定的。这场风波，正如小平同志所说的，迟早是一定要来的，是不以人的意志为转移的。这一点，现在比过去任何时候都看得更清楚。由于党中央、国务院、中央军委对动乱和反革命暴乱及时采取了坚决果断的措施，经过党的四中全会、五中全会以来所决定和执行的一系列方针、政策、步骤，国内的小气候已经发生了重大的转折。党中央决策的正确和必要，现在也比过去任何时候看得更清楚。但是，与此同时，当时的国际大气候仍在继续并发展，出现了许多值得严重注意的新情况。很明显，我们反对资产阶级自由化的斗争，反对国际敌对势力对我国内政进行干涉渗透、企图在我国实行向资本主义和平演变的斗争，成为摆在我们全党和全国人民面前的一项长期的、严重的任务。在这种情况下，加强对我们党的历史的研究、宣传和教育，就有了新的特别重要的意义。

刚才一波同志提出，编写一部正式的、好的、真实的中共党史，刻不容缓。我完全同意他的讲话，希望参加这次会的中央和地方的全体同志能够集中力量，统一步伐，努力实现一波同志所代表的所有老同志的愿望。

现在我想就怎样加强对党的历史的研究、宣传和教育的问题提出以下几点建议,供参加座谈会的各位同志讨论时参考。

一、认清党史工作的战斗性。国内的资产阶级自由化思潮以及西方反共势力对中国实行和平演变的政策,根本上就是要否定中国共产党,否定中国共产党和中国人民的革命斗争,否定中华人民共和国所实行的社会主义的经济、政治、社会制度,否定社会主义理论和马克思主义理论,这当然也就要否定、歪曲和污蔑我们党、我国人民的革命历史。他们的种种论点,归根结底,集中到一点,就是说中国过去应该实行资本主义,现在仍然应该实行资本主义;过去不应该进行无产阶级领导的新民主主义的革命并发展到社会主义革命,现在就应该放弃社会主义。我们党正是在与这种反动思想的斗争中产生、兴起和胜利的。但是,我们的胜利不是最后的,因为敌对势力还很强大,它们还在时时处处企图颠覆我们、压服我们。我们的党史工作者,和党的其他思想工作同志一样,必须站在与这种敌对势力、敌对思潮斗争的最前线。党史工作是研究党的历史的,但是我们工作的目的并不是面向过去,而是面向现在,面向将来。我们是为现在而研究过去的,我们是为将来而研究过去的。我们的工作和党的其他思想工作一样,是为着坚持党的领导，坚持中国的社会主义事业而斗争的。因此，不能把党史工作看成是平静的、书斋里的事业，它是在思想斗争最前线的一项战斗性的工作。

二、要加强党史工作的科学性。党史工作的战斗性之所以有力量，是因为我们依靠的是科学，依靠的是真理。这种战斗就是科学与反科学的战斗，是真理与谎言的战斗。历史的真相本来就是这样的，可是敌对势力硬要抹杀、歪曲、诬蔑过去党和人民革命斗争的真相。因此，我们需要用科学的态度、科学的方法、科学的论证来阐明有关我们党的历史的各种根本的问题。

我们的党史工作者要阐明，我们党的产生、兴起，是经历过无数艰难险阻才取得全国范围的持久的胜利的，这是中国近代历史发展的必然结果。中国人民没有其他的道路可以走，唯有走中国共产党所定的道路，这当然不是说每个细节，而是就整个历史发展进程来说的。比如，在第一次世界大战和十月革命后的中国，发生了五四反帝反封建的革命运动。在五四运动中，出现了一批共产主义的知识分子，他们跟工人运动结合起来，形成了中国共产党。中国共产党在发展了工人运动以后，跟国民党合作，成功地领导了中国大革命。在大革命失败后，共产党又领导农村的土地革命战争，发展了工农红军。到抗日战争前夕，形成第二次国共合作，然后产生了全国范围的抗日战争。在抗日战争中，中国共产党和中国的爱国民主力量由于坚持抗战、坚持团结、坚持进步，发展成了强大的势力，得到全国人民坚决的拥护，以致国民党在后来挑起的全国内战中遭到惨败。这一切难道是偶然的吗？难道是可以任意改变的吗？当然，它们都是有历史的必然性的。中国共产党在全国胜利以后，很快走上社会主义道路。社会主义使得中国的经济得到很快的发展，尽管中间出现了很多曲折；使中国这样一个落后的大国的国民生产总值上升到世界第八位；国家取得了独立，这个独立在中国近代史上是唯一的，以前从来没有也不可能有；国家实现除台湾以外的真正统一；中国人民的生活得到了根本的保障和巨大的改善，真正成了国家的主人。由于这一切，中国已经成为世界上的一支强大的力量，谁也抹杀不了。谁也别想再让我们受人支配。这一切都说明，没有中国共产党就没有新中国，只有社会主义才能救中国，只有社会主义才能发展中国，这确实是一个客观的真理。我们的党史工作要科学地论证我们党和人民所走过的这条道路，是符合历史发展的客观需要和客观趋势的，如果过去采取其他的发展道路，不可能有中国今天的一切。如果今天走其他的道路，中国只能出现大混乱、大倒退。

我们的党史工作者要阐明,我们党是无产阶级的先锋队。觉悟的工人阶级坚持马克思主义的这个原理:工人阶级只有解放全社会,才能解放自己。因此,它又忠实地代表了全国各族人民的利益。这就说明了代表工人阶级的共产党,为什么为农民的解放,为全民族的解放,为各少数民族的解放,进行了那样艰苦卓绝和英勇顽强的斗争。

我们的党史工作者还要阐明,我们党的每一步胜利都是马克思主义与中国的实际情况相结合的结果。现在西方世界以及受西方影响支配的一些国家,泛滥着这么一种思潮,说什么马克思主义失败了,社会主义失败了。这种现象本身也只有用马克思主义才能解释清楚。至于在中国,至少可以证明,马克思主义是牢牢地扎根在中国这块土地上,扎根在中国的十一亿人民中间。中国人民所走过的道路,中国革命所取得的胜利,中国现在所进行的社会主义现代化建设和改革开放事业,这些事业所取得的巨大成就,都是马克思主义的胜利,而这种胜利又都是马克思主义同中国具体实际相结合的结果。

我们的党史工作者还要阐明,党的斗争的胜利都是依靠人民群众共同努力才取得的。一切为了群众、相信群众、经过群众、依靠群众,这是我们党取得胜利的根本保证。党的群众路线已经成为实现党的思想路线、政治路线和组织路线的根本的工作路线。当然这方面的工作,从党的历史上说或从现实来说还存在着不少缺点、错误,但总体来看,我们党跟人民群众的联系是牢固的。现在全国的政治形势、经济形势、社会形势,总的来说是稳定的。靠的是什么?正是因为我们党与人民之间确实存在着在长时期斗争中形成的血肉联系。人民认识到,人民的前途离不了共产党,共产党也认识到,自己的前途同样也离不了人民。因此,我们在研究、著述我们党的历史时,必须时刻牢记着,党是在人民群众的斗争中,依靠和团结人民群众才取得胜利的。共产党所进行的革命斗争从来不是孤立的,党的历史不仅仅是党的领导者、干部、党员斗争的历史,同时也是党的一切合作者、支持者的历史,这两者是无法分开的。

以上说的,都是如何加强党史工作的科学性的几个主要问题。

三、对党的历史的研究要进一步深入,精密化,更要重视详细地占有材料。我们要继续做好党史资料的征集、整理和研究工作。只有充分地占有和利用一切可靠的资料,并把这些资料甄别清楚,才能弄清历史事件的真相和来龙去脉,才能写出有战斗力的历史论著。同时,必须加强对国外研究我们党的历史信息的了解和研究,注意国外有关的研究成果,并且对在国外论著中经常出现的许多比较重要的、有影响的错误观点和歪曲我们党的历史的言论,进行针锋相对的、有理有据的分析和批判。

四、加强和改善党史、革命史的教育和宣传工作。我们研究党史,不是为研究而研究。我们是为了对我们党的历史进行科学的、准确的叙述和解释,并用它来教育人民、教育青年、教育全党。我们在全党和全国人民中从事党史的教育,已有长久的历史。这中间,有哪些成功的经验,哪些不成功的教训,需要怎样改进,这些问题,希望党史学界要同有关的教育部门进行专门的研究。无论是在党校还是在普通学校里,关于党史以及革命史、近现代史的教育,都是加强思想政治工作的一项很重要的内容。这一工作究竟进行得怎么样,还存在哪些迫切需要解决的问题,我们党史工作者有责任从这方面来进行总结。同样,关于党的历史的宣传,在社会日常生活中,在报纸上,在电影电视戏剧上,在各种展览馆、纪念馆、博物馆、档案馆的工作中,有些什么样的经验教训,也需要进行总结,研究加强和改进的办法,使得党的历史、革命史的教育和宣传得到加强和改善。

五、对有关党史出版物的领导和管理需要加强。近些年来出了不少关于党史、革命史的书籍、人物传记和各种各样的回忆录、各种各样的纪实文学。一方面有很多很好的著作，另一方面也出现了不少严重的混乱现象。有的书对党的历史进行任意的歪曲，任意的捏造，对于党的领袖人物的活动进行种种歪曲的宣传，甚至胡编乱造。这种现象，即使在经过了反对资产阶级自由化的斗争和整顿报刊、出版物的斗争以后的今天，也常常令人触目惊心。对这个问题，一方面要求党和政府有关的主管部门制订出明确有效的管理办法；另一方面，也要求全国的党史部门的同志和所有的党史工作者大力协助党和政府的主管部门做好这方面的工作，并且对自己的工作也要进行自我清理、自我整顿、自我约束。因为，一些很不好的作品的出现，往往是同一些党史研究机构的同志参与分不开的。坚持不懈地做好这项工作，应该成为检验党史工作质量的重要标准之一。这个问题希望参加座谈会的同志能研究一下。

六、要加强党史工作队伍本身的建设。过去我们在党史工作中取得的成绩，是同我们有一支比较整齐的队伍和努力工作分不开的，是全国党史工作者对党的事业的重大贡献，这是主要的方面。但是从去年的政治风波的考验来看，我们的这支队伍也并不是没有问题。我们应该从去年的政治风波中认真地吸取经验教训，严格地按照党有关清理、清查的指示，从思想上、政治上、组织上、作风上进行严肃的清理整顿,这项工作绝不允许走过场。要使党史工作机构的领导权牢牢地掌握在真正的马克思主义者手中,使党史研究部门的全体同志更加坚定地团结在以江泽民同志为核心的党中央周围。身为党史工作者,应当对马克思主义理论,对社会主义、共产主义事业抱有无限的忠诚,抱有毫不动摇的信念。我们要用党的历史来教育青年、教育人民、教育全党。如果我们从事这项工作的同志自身对党的事业,对社会主义、共产主义的信念就存在这样那样的问题,我们又怎么能正确地开展我们的工作呢?所以,我们应该对从去年发生的政治风波中得到的经验教训认真地加以总结,对我们自身的队伍认真地清理整顿,这方面的工作一定要贯彻始终。同时,我们还需要努力培养从事党史研究工作的新人。现在党史研究工作的队伍基本上是一支老年的队伍。如何培养新人已是摆在我们面前的一项迫切的任务。

我提出以上六个方面的建议,请大家讨论时考虑。(注:胡乔木的上述讲话曾在《中共党史研究》1990年第3期发表。)

胡绳:我讲一点意见:要重视建国以来的党史。这不是说建国以前的党史不重要。不!这方面还有很多工作要做。明年是建党七十年。前二十八年,新民主主义革命,后面四十二年是建立和建设社会主义的时期。新民主主义革命阶段,很多历史还要更深入地研究,党的许多好传统是这个时期创立的。马克思主义同中国实际相结合,也是在这个时期奠定基础的。许多经验是非常有价值的。如果面向现在,面向将来,在这方面还有很多工作要做。要说明中国的革命和建设事业为什么是共产党领导的?为什么唯一正确的道路是要走向社会主义?这许多根本问题,离不开新民主主义革命时期的历史。所以有些坚持资产阶级自由化倾向的人,也在对新民主主义时期的历史进行各种歪曲的说明,利用某些事实来做错误的解释。现在要加强研究建国后的历史,并不是说那一个时期的历史不重要。

不过,相对说来,多年来对建国以后的党史研究比较薄弱。为什么要强调一下?因为已经四十年了。党史、国史也很难分开。我们的研究工作进行得还很薄弱。建国以后历史的研究和当前现实的关系更不用说是非常密切的。这四十年又分两段:1978年三中全会以后,改革开放,"一个中心,两个基本点",成就非常明显;还有前三十年。坚持资产阶级自由化观点的人,对新民主主义时期的历史加以歪曲和根本否定,好像中国根本不需要它;而更多地是对社会主义时期的历史,不但歪曲,甚至攻击,好像中国的社会主义建设完全不对。利用党在社会主义建设中某些方面犯过错误，特别是利用"文化大革命"的严重错误对党进行攻击。因此，对建国以来的党史、国史有必要进行深入研究。

其次，研究四十年的历史、建国以来的党史，也有个资料问题。现在曾经在建国初负责实际工作的，像薄一波同志等还健在。现在对建国以来的历史也有个抢救资料的问题，要把他们了解的情况和资料保存下来，这也是为什么要强调建国后党史的一个原因。但总的说，建国后党史、国史的资料相当多，有些初步做过整理，如规模宏大的当代中国丛书。

除了资料以外，还有个立场、观点、方法的问题。搞资产阶级自由化的人，也利用一些资料，来对我们国家的历史进行诬蔑。我们的立场很明确，是马克思主义的立场、坚持社会主义的立场。十一届三中全会以来的"一个中心，两个基本点"，是马克思主义的。这里提出一个问题。毛泽东同志说要一分为二，这是我们的一个很重要的方法。搞资产阶级自由化的人是攻其一点，不及其余。我们不否认建国以后有成功，也有挫折、失败，有许多失误，甚至最后造成"文革"的灾难。但是，我们要科学地研究这些问题，要把我们的错误、弱点、失误的经验教训，很好地加以总结，证明我们十年来之所以必须实行改革开放、建设有中国特色社会主义的根据。

不能把我们的历史说成是一团漆黑，犯错误的时候也要一分为二。1958年至1960年的"大跃进"，确实是严重的错误，要很好地加以总结。有材料说明，从建国到1964年建成的大中型企业，三分之二以上是这三年中间开工或建成的。像钢铁、煤炭、轻工业生产能力的增加，大庆油田的工作是这个时候开始的，农田水利建设搞了不少。当然付出的代价也太多了。如果不是那样急于求成，成就就会更大。但是说成完全一片漆黑，只有错误，不能这样说。为什么？因为还有成就，还是社会主义制度优越性的表现。人民公社包括了很多空想，后果也很不好。但是土改以后许多个体农民走上合作化的道路，这个究竟错误不错误？我认为还是正确的。这个中间发生很多偏差，急于求成，要求越大越公，过快地到了高级社，尤其是一下子到了人民公社，虽然做了一些调整，改成队为基础，但里边仍有很大的问题，最后改为家庭联产承包责任制。

回头来看，是不是合作化本来就不要做，回到个体农民的局面？中国的农村过去没有合作社的经验，有些资本主义国家倒有合作社。合作化道路，让几亿农民有了合作化的经验，要知道它在哪些方面起了积极作用，怎么搞是不对的。当然付出的代价太大。但是如果说完全是错误、毫无意义,那不能这样说。人民公社化的过程中,搞了好多农田水利基本建设。为什么家庭联产承包责任制开始的时候,很多还是依靠过去搞的农田水利建设?

农业如果没有投入是不行的。我们国力有限,很大程度上是靠农民的劳动力,你叫人海战术也罢,合作化是调动了农民的积极性,有了合作化的经验。现在有的地方把集体经济保存了下来,也有又恢复的。中国八亿农民,这么多,没有经过一点农民自己的经验,很难。这上面是有错误,但是应该加以分析。

还有三线建设,大小三线,很多浪费,不切实际。林彪又提出"山、散、洞",浪费很多。但也不能说中国原来的工业都在沿海,不该在西北、西南搞一些新的企业,使原来根本没有什么工业、企业的地方也有了一些比较新式的工厂。当然,如果搞得正确,可以减少些浪费,少付些代价。

我以为,对这些问题,都应该给以分析,不是简单地说。错误、失误都应该认真地提出来。我们深感经济再不能大起大落了。这是从三十年的经验教训中得出来的。用这些来教育干部,同时又不能造成一种印象:过去只有错误的累积。现在这十一年,还是在过去三十年的基础上搞的,还有教育、经济发展水平,是在这个基础上来搞改革开放的。

在政治上说，中国取得了独立地位。前三十年不仅反对帝国主义、抗美援朝，而且坚决反对苏联的大国主义。当然，跟苏联的论争有经验教训，不一定完全对。但总的说来，斯大林、赫鲁晓夫就是大国主义，要中国处在他们的指挥棒下。敢于反抗，这是了不起的成就。尽管也有不少经验教训，不要再搞公开论战了。但是敢于坚决抵制苏联的大国主义，是很重要的。如果继续听任它的指挥，像东欧那样变成它的卫星国，中国现在会变成什么样？

东欧出乱子，许多问题中的一个，是群众中有民族情绪。对苏联的大国主义，那些国家多数事情都跟着苏联的指挥棒转，甚至于谁当权都是由苏联操纵的。群众有民族情绪，所以对社会主义有一种反感。这是一个问题，把社会主义同屈服于苏联的大国主义混在一起了。当然，东欧的问题很复杂，但这是一个重要问题。中国共产党第一是取得了同帝国主义对抗的胜利，还有一个是不受苏联的指挥。经受住这个考验不容易。

总之，许多事情不是成功的就一切都好，错误的就一切都不好。事情并不是这样的。历史有个总结经验的问题。实践是检验真理的唯一标准。你有了个预想，实践中能不能达到目的，能说明你的预想是否正确。但实践检验的过程不是那么简单的。如果你成功了，像新民主主义革命，证明你正确。但是也要进一步分析在正确的中间也有不足之处，或者存在需要注意的问题。比如说从农村来，去管理城市，经验不多。党在农村中、军队中建立了过去历史上从来没有的民主风气，但用来管理整个国家的经验还不够。至于说到失败的经验教训如何总结，就更复杂。毛主席说失败，成功，再失败，再成功。党在民主革命时期有两次大失败，一次是1927年，一次是1934年，红军被迫抛弃南方的根据地。这些失败证明了什么？当时中国有几种说法。一种是国民党说的，证明马克思主义不适合中国的国情；还有托派，说证明你到农村去搞斗争，不行，中国已经进入资本主义社会了。我们怎么总结？遵义会议和它以后也总结了，但不是前面说的那两种原因。而是说我们的斗争，需要又联合又斗争，那时主要是"左"倾的错误。你看，同样是失败的教训，可以得出各种不同的结论。现在同样如此。东欧的事情可以做社会主义大失败的结论？我说你高兴得太早了一点。怎么发展变化，最后是不是真正有利于资本主义世界，很难说。即使苏联都走上了资本主义，这种状况更扩大了，是不是"自由世界"内的矛盾会更增强，也很难说。东欧的混乱局面，我们要认真观察，做一种科学的分析。

再说一点"文化大革命"。现在搞自由化的人，最爱用"文化大革命"来攻击你,用来让你永世不得翻身。"文革"当然已有结论,是完全错误的。但它不是中国社会主义发展中必然产生的现象,这个可以研究一下。对"文化大革命"要完全否定。但对"文革"时期的党和国家也要分析。不是只有武斗、混乱,农业发展得还好,建设了重要的企业。西南的铁路是很艰难的工程,是在这个时期建设的。这不是"文革"造成的。如果没有"文革",成就会更多。我在"文革"后不久听到一个人说,有一个科学家,是研究桥梁的,关在牛棚里,听说汽车行驶过武汉长江大桥时桥有些晃动,就考虑这种晃动是不是容许?这时要造南京长江大桥。如果加固,摆动会更小,这是可能的,但要多花很多钱,多用很多水泥和钢材。他一从牛棚里出来就做实验。没有实验室,就用旧货店里的材料做。后来他从科学上证明,这样晃动的幅度是容许的。我听了很感动。受了不公正的待遇还这样。周恩来、邓小平当时都在抵制。许多党内、党外受迫害、折磨的人都在考虑问题。我想在"文革"期间,毛主席犯了错误,但他也做了许多好事。比如外交方面,以及抵制林彪、"四人帮"的活动。

"文革"时期这段历史真正的主角是谁?不是林彪、"四人帮",是党内党外坚持热爱党、拥护社会主义的人,在最困难的条件下仍然坚持,所以才能以党的力量把它纠正过来。纠正以后,又在不长的时间内转入到中国怎么建设社会主义的正确的或者比较正确的道路。这就是总结了"文革"的经验教训。有的人拿"文革"说你就是封建法西斯。刚才已经说过,"文革"不是必然发生的。"左"的指导方针是错误的,下面就造成林彪、"四人帮"这种野心家乘机活动。但是"文革"的教训不止这一条,也证明了第二条:中国如果离开了社会主义,就要大混乱。林彪、"四人帮"他们是以"左"做口号来搞法西斯。搞资产阶级自由化的人不这样看,说搞社会主义是必然要出现"文革"。事实恰好相反,党能够克服它。在"文革"期间,党内和人民中的健康力量仍然存在和发展,农民一直在很好地工作,还在修铁路,大庆在发展,氢弹的制成,都是许多科学家、工人群众在实际上抵制了"文革"。要通过建国以来的这些事,来反驳资产阶级自由化的观点。

下面还讲一个问题,资产阶级自由化论者诽谤中国的社会主义,有一个非常突出的论点:中国搞社会主义,搞不成,一定会扭曲,他们把它叫作封建社会主义。很多人高唱反封建,而矛头其实是针对党、针对社会主义的。我们在总结的时候,谈到这个问题:封建的影响,长期封建专制主义在今天的遗毒。他们抓住、夸大,说你整个社会主义就是搞封建社会主义。这个应该给予有力的回答。反对封建主义,在中国近现代史上最强大的力量就是中国共产党。民主革命的时候，就是反帝反封建。30年代的时候，托派说封建已是残余的残余。我们党强调要反封建，根本的是土地革命，光谈反对封建思想不行。我们解决了土地问题，又打倒了封建势力统治的政权，把维护封建势力的帝国主义力量推翻。当然，也承认存在有思想、政治上的封建残余影响。推荐大家再读一下小平同志1980年写的《党和国家领导体制的改革》，差不多把资产阶级自由化论者近几年在这个问题上的言论，都预先驳斥了。他强调要从制度上来解决问题。反封建的革命怎么搞？人们思想上有许多封建残余，小生产的影响，只能靠民主法制的办法，靠发展经济来解决。所以要划清封建主义和社会主义的界限，不能用反封建之名反社会主义。封建是中央集权的，我们有时候中央集权过度，不能叫封建主义，也不是封建主义影响。小平同志还说：要划清封建余毒和缺乏经验而不科学的办法、不健全的制度之间的界限。重要的是要改革完善党和国家的制度。你破字当头，大破一通，这又成为"文革"那种做法。我们不能放松对资产阶级、小资产阶级思想的批判。有的人说我们是用封建主义来反对资本主义。一般讲，资本主义是比封建主义进步。但他的意思是你反对资本主义，就是站在封建主义的立场上。这实际上就是在反封建的名义下反社会主义。家长制、特权等等里面有封建思想的影响。你怎么改变它？还是要着重靠建立新的制度来克服它，而不是把什么都说成是封建主义来反对。当然，还有封建主义残余要反的。但把封建时代的一切都说成是封建的来打倒，以为这样才是彻底的反封建，那就又回到红卫兵时代了。对文化遗产要分清民主的精华和封建的糟粕的界限。《河殇》以为自己是最彻底的反封建，否定中国传统的一切，包括中国共产党在民主革命时期创立的种种传统。我们必须认真对待这样的问题，认真驳斥这些观点。

最后，也就是第四点，经过这许多，证明社会主义是人类历史上新的制度。在产生、发展中间必然要经过许多曲折，没有一套现成的成功经验，不可避免会有复杂曲折的现象。香港有人说："中国老说要走前人没有走过的路。人家走过的资本主义道路，得跟着走。何必走什么前人没有走过的路。"世界上走资本主义道路的国家太多了，但发达国家并不多。南美许多国家走资本主义道路，也没有发达起来。巴西有一阵发展很快，最近又不好了。后来者，不是轻易可以走上发达的资本主义道路的。发达的资本主义国家是靠掠夺殖民地起家的，我们怎么学习？中国经历过甲午战争，被日本打败，赔款白银两万万三千万两，有人说相当于现在的两百个亿。八国联军赔款四万万五千万两，加上利息是七万万两。他们是这样发家的，你学得了吗？为什么有"四小龙"？它有特殊环境。这么小的地区，台湾是一千八百万人，开始是一千三四百万。西方、美国为了把它变成不沉的航空母舰，养它。三十年给了它二百二十亿美元，平均一人一千几百美元，搞出口加工型的依附于美国的经济，能学吗？中国的经验证明，只能走社会主义道路。中间必然有曲折。资本主义难道就一帆风顺地发展？以法国为例，去年是法国大革命二百周年纪念。它就一下完成了？也经过动乱、复辟，包括旧王朝的复辟、拿破仑称帝，发展了一百年才比较稳定，建立了第三共和国。一八八几年才大体找到一个比较稳定的模式，直到第二次世界大战。西方有些人还说法国大革命是不断杀人的，值得研究。其实英国也是如此，也经过曲折。东欧的变化，西方可能高兴得太早。好多人充满幻想，以为转到私有化、自由化，生活水平马上可以像欧美一样。能实现吗？我们中国青年中也有不少人碰到这个问题。动乱，及时制止。现在的任务是保持国家稳定。世界上不管有什么变化，我们走社会主义道路要坚持下去。为了稳定，就要使全党、全国人民对社会主义有坚定的信心，不动摇自己的信念。在建立统一思想方面，党史研究工作是可以很有作为的。

二　编写大纲的拟订

3月8日的会议以后，胡乔木抓得很紧，立刻要党史研究室先草拟出一个比较简明的党史编写大纲来。4月20日由党史研究室副主任沙健孙送给他。他先是边看边提了些具体意见。看完后，谈了一段比较长的话。

胡乔木：写这本书，事情比较大，最好请力群、胡绳同志一起开个会。现在的提纲，好些提法值得推敲。要提出一个能够贯穿七十年的思想。考虑到当前要统一全党、全国人民的思想，不是那么容易的，不是抄老本子就可以做到。不要想得太简单了，要提出一些见解。没有见解，这本书人家就不要看了。你看这个提纲，脉络线索怎么贯穿得下来？在八、九章之间，什么反对苏联大国主义、文艺问题，接下来就是"文革"，怎么接得下来呢？经络不通，怎么能写得下去？事情就这么多，但是要把事情理出一个头绪来不容易。不仅思想上要理出个头绪，写出来要使人读得下去。写得有条有理，不容易。实际上在八大以后，党内是有两个指导方针。（注：从他前后多次讲话来看，他不是指领导集体内有两批人，各有一个方针。而是指领导集体内，甚至同一个人头脑里存在着两个思路、两种趋向，起伏不定。有正确的东西，也有错误的东西。一会儿正确，一会儿错误。胡绳也讲了这个问题，他说到"文革"时错误的思想占了上风，就出了大漏子。）当然话怎么说，要考虑，这是另外一个问题。

写这本书不容易，没有一个很好的思路不行。就拿对现在的十年来说，提纲中也缺少一个清醒的客观的看法，比如为什么经济过热的问题搞了这么久？这是摆在面前的事实，没有一个说法，那为什么要搞治理整顿呢？提纲里一点暗示也没有。各章都有一个从何说起的问题。

对历史要有一个观察点。你发表评论，要有一个思路。当然，历史是一步一步发展起来的，很曲折。你回顾的时候，要找到一个脉络，才能笼罩全书，才有这么一口气。这口气是什么？这不是一个人能够简单说清楚的。对问题的认识，要靠实践，认识，再实践，再认识。改革要搞有计划的商品经济，要处理计划和市场的结合，在探索中我们取得了什么成果？发生过什么问题？新的体制不是一下子就能够拿出个完整的东西来，总是会有许多矛盾。要有研究，有探讨的气氛。

这个提纲的前篇（注：指建国前部分），还比较容易写。下篇，我不一定能在离开北京以前谈，有些还要反复考虑。七十年要贯穿一个思想，就是中国要搞革命，要搞建设，马列主义基本原理同中国的实际怎么结合起来要进行探索，要靠中国人自己来了解情况，在这个基础上下正确的决心。这中间会碰到各种挫折，但是我们党还是总结了教训。就基本方向而言，中国共产党是一直在为中国人民谋福利的。尽管犯了错误，还是要为人民谋福利，把中国推向现代化。整部书要有这么一个思路。

要使人看了觉得有新意，要说清楚发展的脉络。不是像搭七巧板那样，拼起来就行。中国人民在斗争中要克服当面的敌人，又受到很多的压力。七十年后还是如此，压力的中心有变化，但党没有屈服过。革命的理论，建设的理论，总要在实践中发展的。我们今天搞的社会主义和七十年前建党时想的很不一样。那时，也不可能什么都想清楚。实际上，马、列想的前后也有很大改变。在中国这样一个落后国家取得胜利，是一个很大的理论问题。为什么能够搞成功，站得住？要回答这个问题，不能罗列事实，没有思想。一直到现在，不搞社会主义，没有别的路可走。

是不是送力群、胡绳同志看看。可以先送。条理显得不清楚，看不出主要要写什么。问题主要在后面。

小平同志讲，1957年以前毛主席基本上是正确的，以后二十年犯了"左"的错误。一方面有"左"倾，一方面又有抵制"左"倾。"文革"前有一个时期，发生严重困难，毛主席认识到有错误。八字方针（注：指"调整、巩固、充实、提高"的方针）执行了一段，经济有恢复；另外一面，七千人大会以后的十中全会又强调阶级斗争。虽然说不要妨碍经济工作，但慢慢地还是没有法子。到1966年初就搞不下去了。到"文革"中，叙述里有"斗、批、改"，"批林批孔"，不能就这样做标题。要有一个分析性的叙述。

十年改革开放，正面的是一步步地发展。中间又发生过哪些问题？改革是艰巨的事情，是一次革命，需要探索。经济过热与体制有关。急于求成的思想也有体制方面的问题。权力分散了，地方企业都搞短期行为，觉得这里有利可图。政治上一方面反对资产阶级自由化，另一方面又有反对反自由化的。改革是坚定不移的，当然里面同革命时一样，也有些曲折。我们坚持改革，同时治理整顿，才经得住去年那样的风浪。现在的提纲还看不出这个思路。写党史七十年，是要统一全党思想，这是个很大的事。

当天下午，胡乔木向胡绳说：眼看写《七十年》时间很紧张，我很着急。《历史决议》的叙述比较简单。看了提纲，觉得要写好这本书很不容易。书要写得有分量，要照顾大局，还要有点分析。要使人看了后觉得是内行人说的，是懂得情况的人说的。

第二天，也就是4月21日，胡乔木又找了几个人去（我也去了），比较系统地谈了他的意见。

胡乔木：商量一件事，明年是党的七十周年，党史研究室准备写一本书：《中国共产党的七十年》。昨天，沙健孙送来提纲。写出提纲来，不等于把书写好。从提纲中可以看出，由六个同志集体讨论，搞了两天。我看完以后，从提纲的题目看，感觉思路不清楚，条理不清楚。

思路不清楚，比如"合作化高潮"不宜都用肯定的口气来讲，类似的说法还很多。一波同志的书里说了，是人为的高潮。1955年下半年，从组织原则上讲就不合适。三次会议，第一次决定放慢，第二次会议就批判了。（注：指批邓子恢和中共中央农村工作部右倾。）党的指导思想是什么？情况怎么能几个月就忽然变了？像这样的事情没法肯定的。如果这可以肯定，历史就是任意的。党是在全国会议上决定的，说推翻就推翻了？当然不能指责太多，但也不能原谅太多。历史上最高的"董狐笔"，该怎么说就怎么说。历史要有政治性，不能把所有既成的事实都加以合理化。而且批判邓子恢是"小脚女人"是错误的,可以说是党内的公论。所以《七十年》一书对这样的问题,不说得公道,怎么行?这是举例来说。

1957年以前,毛主席工作里的任意性、工作指导中的任意性,已经表现出来了。讲集体领导,很难说。批判邓子恢,就很难说是集体决定的。这样的事情,以前还有。比如说胡风反革命集团,也没有任何调查、讨论,就定他是反革命。毛主席写按语,把胡风所说三年后文艺界的状况可以改变,说成胡风是在讲三年后蒋介石会反攻大陆。这件事的过程,我没有参与。周扬原来送去的按语,毛主席重写了。要周扬研究,交中央讨论。我提出过这个问题,说这类问题究竟怎样论述?还有潘汉年的问题也没有讨论,说是内奸。发展到1955年,影响到全党、全国人民。合作化本来决定要放慢,一下变成要加快。这么大的变化,是影响几万万人的大事。

这个提纲中,"文革"中间的"斗、批、改"运动呀,"批林批孔"运动呀,不能这样写。是有这么回事,但是不能照用这个提法。再就是要结合老干部,提是"犯走资派错误的人",这是可以的。实际上是在一月夺权后不同的造反派集团发展成武斗,破坏得很厉害,所以认为还是要结合老干部,成立革委会,这是真正的转变,有实质性的。

以后林彪事件发生了,本来应该批极左,批林扯上了批孔，就莫名其妙。林彪和孔子有什么关系？这件事是滑稽的，把林彪和孔子并列是荒谬的。这时毛主席批孔是怎么扯出来的？还是江青他们利用他从前的几句话？本来林彪叛逃事件可以成为党的历史上的一次转机，像庐山会议批彭德怀以前本来也是一个转机。但毛主席不肯放弃他原来的想法。本来林彪事件的发生说明"文化大革命"本身的问题。他那么信任的"副统帅"，立在党章上的，这样的人反对毛主席，彻底暴露了"文革"毫无意义。这本来是一个转机，而说林彪是极右。事实上说林彪"左"也好，右也好，是没有意义的，他完全是一个阴谋家。

　　毛主席不是后来才发现"四人帮"也是阴谋家，所以才提出"三要三不要"。（注：指"要团结，不要分裂；要光明正大，不要搞阴谋诡计；要搞马克思主义，不要搞修正主义"。）毛主席已经感到这个党经过"文化大革命"，党"分裂"了，"阴谋诡计"盛行了，所谓反修是毫无意义的。这一点，毛主席没有那么糊涂，还是要依靠老干部、国务院、邓小平，但他仍陷于不可解脱的矛盾中。既然要用邓小平，就是承认"文革"这一套不行了。可是，他又觉得还有一套既不同于林彪、"四人帮"，又不同于周恩来、邓小平那样的一种革命。这根本是幻想，他也说不出来，也找不到这个力量，因为本来就不存在。这是他脱离实际，脱离群众，造成这样一个结局。

党哪怕在这样困难的条件下，党内真正革命的力量、健康的力量，经受住了艰苦条件的考验，还是坚持下来了。党的历史，就是要写明这个东西。当然，毛主席仍有他的作用。小平同志讲虽然有"文革"，党没有垮，因为有毛主席。这是一个很复杂的历史，毛主席犯了那么严重的错误，但是遇到最根本的问题，无论在外交问题上，还是在是否开除邓小平党籍的问题上，他还是明白的。

从提纲看起来，这是一方面。对于过去的一些说法，不能全盘接受。那样，写不出党的历史。另外方面，1966年前这一段，提纲上在"苏联领导人的大国主义"底下接着写"文化领域的'左'倾发展"。这两件事怎么能摆在一起？书怎么能这样写？下面又是"四个现代化"。这样的写法，使人看不懂。就像"城乡社会主义教育运动"前面是"政治思想文化的调整"，这方面有什么好说的？"八字方针"作为通俗用语是可以的，在正式的著作中最好少用这种很难懂的话。

"国民经济调整"这是一大段，然后"左"倾的东西又来干扰了。八大提出的方针是正确的。后来背离它，犯了错误，要纠正，又犯错误，错误更大。然后试图回到八大来，当然历史已经变化了。总是这么个趋势，在党内还是很强有力的。两种趋势，结果"左"的倾向还是要起来。

这根本上可以说是历史的、盲目的惯性，还是要靠阶级斗争、群众运动。先是要搞"大跃进"，不行了，又抓阶级斗争，但还是用搞群众运动那套做法。开始的时候，抓阶级斗争还说不要干扰调整经济；后来又变了。这一部分是历史原因，还有林彪、江青之类在乘机制造矛盾。这段历史相当错综复杂。怎么写？得理出一个头绪来，很不容易。

改革开放的十年，也有这样的问题。现在的提纲，最大的关键在1984年至1985年。这里面没有表现。这样的思路怎么能写好《七十年》？1984年已经发现了问题，又来软着陆。写提纲的人，对党的历史没有清楚的认识，就匆忙地堆上一些名词和表面现象，并没有什么特别的思路。这个水平都没有，怎么能写好呢？

对党的历史的脉络，胡绳同志的讲话，讲得很好。这些错误，一方面是要搞社会主义，但对社会主义的认识是有个不断加深的过程。社会主义是什么东西？并不是像《哥达纲领批判》设想的两个阶段。实践证明那还差得很远。《哥达纲领批判》得出的概念是"资产阶级权利"，列宁也讲得很模糊，说没有资产阶级的资产阶级国家。事实上，社会主义要承认商品经济，是社会主义的商品经济。这个认识过程是很困难的，总是急于向共产主义过渡。列宁这样想过，斯大林还是这样。赫鲁晓夫尽管批了斯大林，还是说是要很快搞成共产主义。毛主席也说中国可能更早地进入共产主义。这个思想然后发展到越穷越革命。社会主义不能这样干，共产主义是遥远的事，社会主义是很长时期的。阶级斗争不能放在那么突出的地位。认识这一点，是付出了很大代价的，是很不容易的。

改革开放十年来，这一点肯定下来了。但社会主义国家的经济怎么搞法？计划经济与市场调节怎么结合，还是个很困难的题目。尽管有这么多困难，但是社会主义事业还是在发展，国家整个经济情况还是发生了很大变化，这种变化都是革命的成果。不是革命，不可能使人民的生活得到非常明显的改善。

所以一本书要理出一个思路，很不容易。我今天和你们商量，要用很大力量写这个东西。明年非拿出来不可。这里会有很多困难。这件事怎么安排？这本书宁可篇幅不那么大，但它的思想是要清楚的，条理是读者能接受的。要把这样繁难复杂的事情理出个头绪来，不能满足于历史问题决议。那是个骨架。现在写要有很多的历史事实，具体的历史事实，特别是经济的变化，来充分地证明它。书怎么结构，是个比较难的问题。有了提纲，可以议论、批评、修改，比一无所有好。

薄老讲，文献研究室和党史研究室还是要通力合作。

还可以有什么人参加这个工作？跟胡绳研究一下。现在只能重新安排，哪些工作可以推迟、放慢。现在也很难从什么地方找出些天兵天将来，也许还有没有发现的写作力量。

1990年8月27日，胡乔木又找几个人谈了一次，胡绳、邓力群也参加了。

胡乔木前几次的谈话，主要是讲为什么需要编写一部简明的中共党史，以及看了党史研究室初拟《提纲》后的意见。后来已经写出一部分初稿。这一次，他比较系统地谈了应该怎样来写一部简明中共党史。

我当时的印象，胡乔木本来是准备由他自己来主持编写这部书的。多次有关会议和谈话都由他主持；编写提纲的初稿先是送给他看，他再嘱咐也送给邓力群、胡绳看。胡绳最初并没有为此找我们谈过写这本书的事。我的记录中，他第一次召集我们谈这件事，是这年11月9日，并且一开始就说：写这本书，我有点力不从心。看来，那时才刚刚明确要他担任《七十年》的主编。

后来看到胡绳写的《胡乔木和党史工作》中有一段话："中央党史研究室在1990年下半年集中力量编写《中国共产党的七十年》，准备把它作为党史简本，纪念即将到来的建党七十周年。胡乔木同志很支持这个做法，还打算自己主持这部书的定稿工作,为此他在1990年8月27日约了几位有关的同志讨论这事。但是,由于健康状况,他不可能按预定计划来进行这项工作。"这里说得很清楚,胡乔木本来"打算自己主持这部书的定稿工作"。胡乔木是在这年9月确诊患有前列腺癌的。那正是他"约了几位有关的同志讨论此事"后没有多久。而胡绳日记中,10月30日前没有提到过《七十年》的事,以后就详细记录了《七十年》的编写过程。这也说明他是在此时才明确要任《七十年》的主编了。

胡乔木:要写一部七十年的历史,如果平铺直叙,像老的党史写法一样,不可能吸引今天的青年和思想界的注意。因为这个稿子一方面要对党的历史做总结性的回顾,有肯定,有评价,有批评;另一方面,要答复青年中间一些重要的跟党史有关的思想上的问题和一些错误的、歪曲的看法。回答这些问题,不能像讲课一样,讲一堂,灌一堂。写一本小册子,要使人看了,对中国共产党的历史有一个新的理解。今天回顾起来,七十年以前在世界共产主义运动很复杂的情况下,中国共产党成立了,同时成立的党有很多,在亚洲有日本、印度尼西亚等,都比较大。亚洲其他国家还有。但以后有些国家遭受了较大的挫折。在七十年后回顾起来,更可以看出,中国共产党当年为什么能够成功？成功中也经过种种曲折，在沉重的打击下，能够存在、发展到胜利。胜利以后，又有许多曲折。很多社会主义国家情况不一样。要写出我们党的特点，这是最主要的。让人看了以后，感到确实有说服力。七十年表明中国共产党是怎么样一个党。

希望写的时候，这个稿子能对思想界澄清一些混乱，有这个目的和没有这个目的写起来很不一样。要有五分之一篇幅带议论，才有话可说。一方面是自我认识，做出什么评价。对老同志，回顾有哪些根本的经验教训和根本的传统；对普通读者，要能够答复一些疑问。如果整个都是叙事，就达不到这个目的。一部书应该是一篇长的论文，不可避免地带有论战性；等于一个党史的演说家在演说，不是一个教员在课堂上讲课，要引起广泛的兴趣。

胡绳： 马克思主义传入以后，为什么能够被中国的先进知识分子接受？我写过一篇文章，谈到马克思主义说明的问题，不是中国现实原本没有的，不是马克思主义来了以后才有的，而是中国本来就存在的。比如阶级斗争，马克思主义是对现实情况做了科学的说明。梁启超也讲中国有上层社会、中层社会、下层社会。但是他的提法不是科学的分析。中国近代落后了，就要近代化。只有革命以后才能使落后的状态改变，才能走上近代化的道路。

邓力群：这些年思想界对现代史、党史有三个问题：一、说马克思主义传播到中国，传来的不是马克思主义，而是列宁主义、斯大林主义，是歪曲了的马克思主义。这是一个问题。二、五四启蒙运动主要是人的解放、个性解放（注：这只能指五四运动前的早期新文化运动）。三、认为胡适所说的"多研究些问题，少谈些主义"是对的，不应该批评。支持这三条说法的，还有些老党员。

胡乔木：提纲中这样写法，不容易围绕建党来解决一些思想问题。对一些问题的论述，不容易展开，还是要讲历史事实。但是《七十年》不能写成一部流水账，不能是一个微雕，而是要以一个段落、一个段落，说明那些需要回答的问题。马克思主义为什么在中国被接受，我同意胡绳的看法。阶级斗争本来是中国的现实，帝国主义、封建主义本来在统治中国，反帝、反封建已经在进行了，是把它集中概括起来，提到原则高度来认识。中国共产党的建立，涉及马克思主义的传播。当时没有对马克思主义进行详细的研究，只是抓了两个东西：一个是阶级斗争，一个是社会主义思想。中国历史上没有产生过中国共产党这样的党，它是以分析阶级力量、依靠阶级斗争来进行革命的党，而且不只是分析本国的，也包括世界范围内的敌我关系。为什么孙中山对五四运动淡漠，因为他没有这种观念。

过去的政党都没有这样做，不仅是国民党，其他的资产阶级政党，甚至许多外国的共产党都没有像中国共产党这样。这些党走上了议会党的道路，群众运动无非就是竞选，没有像中国共产党那样做群众工作。中国共产党一开始就是做群众运动，这是个特点。党在工厂、机关和学校建立基层组织。那些党不但不需要，甚至不允许它存在，这就同当时国民党的道路差不多了。共产党就是要依靠群众，没有共产党，工厂也能办，但那是另一种党。这样一个建党的路线，我们是比较清楚的。一开始就认定要依靠群众。尽管人数很少，但引起反动派极大的恐惧，怕赤化。因为要把旧的统治基础推翻，反动派要以一切手段来镇压，被看成是一个幽灵。那么小的一个党，很快形成那么大的一个局面，这在中国历史上是没有过的。我们的党纲、党章，同资产阶级政党根本不同。中国是首先有了资本主义、工人阶级。如果没有工人阶级，单有革命的知识分子还是不行的，如现在非洲有些国家。有十月革命的影响和马克思主义的传播，使得中国共产党懂得要用阶级分析的方法来观察国内外的情况。革命是长期的，要有严密的组织、严格的纪律，这在当时是明确的。在建党的过程中，有些人不干了，落伍了。要用建党的历史来展开说明马克思主义的一些根本性的观点。中国没有其他出路可以走。帝国主义实际上对中国实行瓜分，掌握中国的经济命脉。军阀只能成为它们的走狗。中国的资本主义没有成功的可能，使得中国的革命者认定只有依靠无产阶级政党来实现。党的宗旨一开始就很清楚。建党初期，在大城市要到工人中间去，这些先进分子有的自己做工，更多的是办工人夜校、工人俱乐部、工会，两三年内就发动工人去斗争，得到工人的信任。共产党提出的阶级斗争观点，是符合实际生活现实的。除了这样的党以外，其他党没有办法解决中国的问题。中国共产党要同其他国家的党比较。其他党也得到很大的发展，但是有的一下子来个镇压，就翻不了身。这有许多原因。以后各卷中间，还要用比较的观点来讲这个问题。这是中国历史上特有的，与欧洲不同。

　　大革命时期国共两党的合作，没有一个正式的协议，共产党也没有经验，来了个中山舰事件，苏联顾问不知道如何办。外国的同志不懂得中国。同资产阶级合作和分裂的时候，只能由中国共产党自己拿主意，在社会主义时期也是这样。现在苏联、东欧仍旧不可收拾，可以看出中国共产党改革开放的独创性。同农村家庭联产承包责任制一样，因为中国接受了教训，下了改革的决心，所以中国比较稳定。人民生活的改善，尽管这方面还有问题要解决。这部分如何写，可以研究，要站在这样的观点回顾历史。

把这个说清楚了，也就是教育了人们。有些环节可以省略些，比如一大是怎么开的等，在行文上要有安排。中国共产党走的这条路，有弯路，但是要建立这个党，通过这样的道路进行斗争，然后转到社会主义，这是正确的。要多想涉及哪些问题，用事实来说明。中国共产党初期，最好要能找到统治阶级对共产党的描写，除了公开的以外，还有档案材料。共产党很快就吸引了许多不同来历的人。虽然是早期，已经证明它是中华民族的核心，所以有不少人不怕牺牲来参加和支持中国共产党。

胡绳：一方面是反动派怎么看共产党，一方面是孙中山这样的人怎么看。孙中山了不起，看出中国共产党是有群众的。

胡乔木：很了不起！国共为什么要合作？国民党联合共产党，它没有其他的出路。孙中山是资产阶级革命家，他要同反动派斗争。如果写成一部超小型的党史，就不会涉及这些材料。书虽然小，波澜很壮阔，时期还是要分，要有些议论，真正对人有启发。比如老说那些说过多少遍的话，读者不会有兴趣，我们也没有兴趣。我们在观察历史，历史需要不断重新观察，每次观察要有新的内容。历史是非常丰富的，可以从许多角度来观察。人们的思想也不会像我们现在想的那么简单的几条。他们有各种各样的想法。社会生活是复杂的,要宣传党的七十年,就要看到它的丰富性和复杂性,不是老一套,重播一遍,要确实说出些新东西。

胡绳: 简化也不是平均简化,有些地方要特别简化,该详细、有新意的,可以详细地说。比如《木兰辞》:"东市买骏马,西市买鞍鞯,南市买辔头,北市买长鞭。"写得很细。路上走呢,只有两句话:"万里赴戎机,关山度若飞。"细的地方要非常细,粗的地方可以非常粗。

胡乔木: 现在已经写好的稿子要再考虑一下,一定要有新的、过去没有着重讲过的,甚至忽略的,而现在需要解释、说明、强调的内容。七十年的历史,今天来写,是在世界各国党处在风雨飘摇中,世界的共产主义运动处于低潮、不知道出路何在、处在混乱中的情况下。而中国共产党仍然巍然屹立,这不是偶然的。

"博弈论"是个数学名词,但是在许多范围内,是适用这个观点的。比如国际斗争要看如何观察分析、决心下得正确不正确。七十年党的英勇奋斗、艰苦牺牲,因为有正确的决策,有毅力,能够顶住和战胜各种困难。苏联很明显,戈尔巴乔夫上台的时候还是个强国,五年就发生这样大的变化,超级大国给抹掉了。虽然军事上还是个大力量,军队本身也很乱,战斗意志已经瓦解了。美国是帝国主义,它的战斗意志并没有瓦解。不能纯粹地看客观力量的比较,还要看如何运用,是保持发展还是削弱。对我们完全不应该有的失误,可以总结得很深刻。像现在这样的写法,"'文革'不是不可避免的",这个太软弱了,应该说这是完全错误的。就是对王明路线也可以这样说。错误是深刻的,就要深刻地写,不要让读者感到我们在维护,不敢接触。对二十年的"左"倾(注:主要是指 1956 年至 1976 年)要认真批评,主要是针对党内的思想错误。让它成为一个武器,有强大的战斗力。结构、取材再考虑一下。社会主义有没有优越性?为什么在很多国家都失败了?中国选择其他道路的可能性不存在。资本主义发达国家是在战争、侵略、剥削中间发达的。美国同样是在同法国、西班牙战争,第一次、第二次世界大战中间发达起来的。中国不是去侵略谁的问题,而是抵抗侵略的问题。不抵抗也不行,因为它已经来了。

三　上玉泉山修改初稿（上）

《七十年》编写大纲初步拟出后，并没有在这方面花很长时间，就由中央党史研究室人员分别执笔撰写初稿，我也被胡乔木指定参加这项工作。执笔者是：沙健孙（第一、五章）、金冲及（第二、三章）、王秀鑫（第四章）、戴鹿鸣（第六章）、周承恩（第七章）、席宣（第八章）、郭德宏（第九章）。初稿的撰写，实际上由执笔者自己做主，并没有受原拟编写大纲多少约束。写得也比较快，大约花了两个月。

9月间，胡乔木的癌症病况已经确诊。10月30日，胡绳日记中第一次提到《七十年》，他已开始准备接手这项工作，并着手看已写出的部分初稿。

11月9日，胡绳日记中写道："约金冲及、沙健孙来谈。谈了对《七十年》中的三章的意见，谈话近三小时，甚累。下午充分休息。"12月6日的日记写道："（王）忍之处来电同意龚育之参加党史工作，即告沙（健孙）、郑（惠）。"沙健孙、郑惠那时是中央党史研究室副主任，我时任中央文献研究室副主任，王忍之是中央宣传部部长，龚育之是中央宣传部副部长。龚育之在《送别归来琐忆》中回忆道："是胡绳通过那时我所在的单位中央宣传部的领导要求我参加的，说是因为我参加过建国以来历史决议的起草，要我帮助他修改这部党史建国以后的部分。""我说，我还要看许多原始材料（别人的研究和编著的成果），恐怕时间来不及。后来决定由我负责建国后十七年那两章。"

下面是胡绳 11 月 9 日同我和沙健孙所谈对第一、二、八章初稿意见的记录。

胡绳：写《七十年》，我有点力不从心。总体上是一本书，要有人通盘修订。第一步，先将民主革命时期写出来。我还是当总编辑，但我时间少，精力也不成。现在已经有了稿子，如何修改得稍好一些？

先说第一章。

第一章再改写一下。我是编辑出身，总爱算字数。以后每一节都要注明字数。还有分节，有的可以是长节，有的可以是短节。完全重写是不可能的，就再改一遍。首先，开头怎么写？特别是第一节到底写什么？现在的事实材料太多，又好像太细，从林则徐、魏源、洪秀全等等讲下来（注：初稿从近代史开端写起）。对辛亥革命是什么性质没有说到，只讲学资本主义没有学成功。应该以论述为主,事实减少,篇幅减少点,问题要更集中,不一定什么都写,像历次战争呀、向西方学习的经过,不必都那么详细地讲。后来从向西方学习转向向俄国学习,不要这样提。这是毛主席在《论人民民主专政》一文中提出来的。他是在一个特定的历史条件下写的。严格地讲,向西方学习就是向资本主义学习。为什么向西方学习转成向俄国学习,强调这个事情,有一个特殊的历史背景。就是1949年中国革命即将胜利时,斯大林对中国共产党还是不放心。因此要特别强调这一点,这也是正确的。(注:指有些提法有当时的历史背景,是讲给苏联听的。当时,新中国正在筹备建国,斯大林对我们还不放心,害怕中国共产党变成南斯拉夫的铁托。)竭力说不是向西方学习,而是向苏联学习,这是在一定的历史条件下需要这样强调。毛主席的文章在1949年7月发表,11月他就去苏联了。在苏联的两个多月,毛主席说是一肚子的气。刚刚成立了新中国,同斯大林不是进行会谈,而是为他祝寿。半个月没有理毛主席。所以毛主席说他在苏联是开门三件事:吃饭、睡觉、拉屎。后来,他写了一个谈话稿,写好后,莫洛托夫来找他谈。斯大林本来说中苏已经有了一个条约(注:指1945年同国民党政府订的《中苏友好同盟条约》),这时决定同新中国另订一个条约。所以,那时候强调过去是向西方学习，现在要向俄国学习。"十月革命一声炮响，给中国送来马克思列宁主义"，严格地讲，这语言不一定准确，当然也不是丧失原则。是有这样一个背景，开始是资产阶级、小资产阶级的革命，有什么弱点，在怎样条件下是不可避免的。辛亥革命以前是个什么状况，议会制度怎么不行。这里关于辛亥革命的弱点，在第一节里反而没有说，到后面回顾的时候才多少说到一点。

辛亥革命总的说是旧民主主义革命的高潮。毛主席说它是完全意义上的资产阶级民主革命。它有什么弱点？为什么不能成功？以后又是什么状况？思想状况怎么样？先进的知识分子对社会主义怎么看？"十月革命一声炮响，给中国送来马克思列宁主义"，这句话多少有些简单化了。当时国内发生了什么情况？"十月革命一声炮响，给中国送来马克思列宁主义"以后，又有一个艰苦的历程去消化它。对西方资本主义、帝国主义国家从失望到绝望，慢慢地懂得它是压迫弱小民族的。第一次世界大战后，在世界范围内觉得资本主义没有前途了。而在中国国内发生了辛亥革命，中国实际生活中已经存在尖锐的阶级斗争。人们要去解决这些问题。在这种情况下，十月革命才能对中国发生这么大的影响。

五四运动到底怎么说，初稿文字有点不大清楚。新文化运动中的科学和民主,五四以前显然是资产阶级民主范畴的,也的确引起人们的思想变动。马克思列宁主义在中国、在中国的思想界能够传播开,当然不是所有人都相信。它是同各种思想斗争中发展起来的。全世界在第一次世界大战后显出资本主义不行。中国在帝国主义侵略下,资本主义又发展不起来,只有走社会主义的道路。不是不要讲十月革命,十月革命的影响当然很大,但首先是内因。要讲资产阶级、资本主义道路的失败,辛亥革命以后的混乱状况,在这种混乱中感到中国要找新的出路。五四前夜反映了这么一个状况,但是还脱不出资本主义的范畴。五四运动促进了人民思考,所以中国人接受十月革命的影响还是以内因为主。讲中国共产党成立以前有过农民革命、资产阶级革命,那是在什么环境底下为了解决什么问题而进行的革命,但是解决不了问题,证明资本主义的道路走不通,在惶惑的情况下继续前进,接受了马克思主义。

还有,要注意如何描述帝国主义要中国做它的商品市场。现在对外开放,也讲中国是一个庞大的潜在市场。这两者有什么区别?中国那时候其实不能讲是闭关自守。开放有两种:一种是半殖民地性质的,一种是独立国家的对外联系。发达国家也互为市场的。资本主义国家这个市场,比中国不知道要大多少,能够吸收多少商品和资本。当时中国穷，不能成为广阔的市场，而他们是超经济剥削。一个国家的主权不能放弃。不是说中国越穷，越能成为广大的市场。他们是用倾销来取得超额利润，如贩卖鸦片。帝国主义没有在中国投入多少钱，而在中国得到的特殊权益是不肯放弃的。不能简单地得出一个结论，就是说我们独立以后，我们就不能再当人家的市场了。这类问题要说得适当。为什么帝国主义不愿意中国变成独立富强的中国？半殖民地和独立国家的对外开放完全是两种状态。现在这个稿子多少有一些材料，主要是论述。不可能把近代史所要解决的问题，都在这本党史里解决。主要要说明党的成立有它的社会需要、社会基础。

第二段可能段落多一点，眉目清楚一点。第一节，旧民主主义革命是如何起来和失败的；第二节讲辛亥革命以后，国家如何处于混乱状况、资产阶级政党处于混乱和没落状态，知识分子中间发生新的探索；新文化运动以及资本主义国家在"一战"以后的状况。五四前中国的各阶级状况，中国的社会政治状态，要找到五四爱国运动为什么一下子就发展成超过初期的新文化运动？知识分子是如何分化的？马克思主义分子是如何产生的？

对共产党的创建，十二个人。过去是常常避开讲一些人（注：指陈公博、周佛海、张国焘等），对这些人没有做分析。后面也没有机会讲,这里要交代一下。说明当党成立的时候,表示接受马克思主义的会有各种各样的人。它成了时代思潮,很多人会卷进去。各种各样的人,包括有野心的人,像张国焘,后来就有变化。大革命时涌进来的人更多,到什么时候就分道扬镳。这些在群众性的大革命中是不可避免的。

讲同胡适"多研究些问题,少谈些主义"的论战,与其讲是马克思主义传播中的第一次论战,不如讲是初期新文化运动内部发生了分化。胡适有好的东西,但他的根本问题是不反对帝国主义。

整个讲,对革命的发展不要夸大,要恰如其分。说它的影响,在第二次国内革命战争的时候,就不能讲已经很大地影响全国。当时搞苏维埃,那个时候知识分子在动摇,怀疑的人多得很。农民有他的狭隘性,信息很少,对其他地方的事情不知道。长征是失败而被迫的,但又是播种机,到哪里都产生影响。邹韬奋1932年参加保障民权同盟,有人写信给他,说你本来是无党派,为什么要参加这个同盟?他答复说:无党派说明了一个事实,但并不是认为所有的党派都不好。如果过分夸大那时革命产生的影响,那就没有争取群众的艰苦任务了,也不能说明抗日战争很大的意义是党的影响比第二次国内战争时期要广得多。因为,党的影响在抗日、民主的旗帜下，比这以前要大得多。所以，如果说十年内战时已经把群众都吸引过来，那就夸大了，反而降低了我们在抗日战争中争取群众的任务。

第一章说五四运动到解放，是三种政治力量的斗争（注：指初稿中所讲的大地主大资产阶级、中间阶级、无产阶级三种力量）。这三种力量中有庞大的中间派，现在叫无声的群众。他们中有资产阶级影响、有小资产阶级影响，也有大地主、大资产阶级影响。这里有一个怎么做工作、慢慢地把大多数群众吸引过来的问题。夸大了，好像一开始几十人几百人就影响几千人几万人。到1924年至1927年党的影响面确实扩大了，但还只是在南方几省的农民和城市的一部分革命知识分子中。到第二次国内革命战争的时候，对中间群众的影响还缩小了一点，加上还有"左"的错误。而抗战时期是个大发展。不把这个脉络搞清楚，就容易夸张一些时期的作用，反而说不清楚整个发展的脉络线索。所以对党的创立时期这段怎么写，要适当。

工人运动、党跟工人群众的结合，也要对中国工人的状况做一点分析。只说中国没有工人贵族，是如此，但不够。中国工人运动中的情况也挺复杂，有各种帮会，有官办的工会。能进入工人运动，把他们掌握在党手里，是艰苦的斗争。不是工人都自觉地跟着共产党走的。这个不说清楚，就讲不清后面还有各派的人。农民中间这种复杂情况倒是很少，就是晏阳初、梁漱溟他们搞了一些。工人不同。省港大罢工，一开始也不全是共产党领导的，要稍说一些。跟工人的结合，也不是那么简单的事情，有些话要斟酌，有些话讲得满了。比如说"革命胜利取决于有没有一个工人阶级的党"，这就说得简单了。是不是有了这样的党就能胜利？至少得改成革命胜利首先要有这样一个党，不要说取决于有没有这样一个党。

现在谈第二章：大革命的洪流。

第一节国共合作的建立，解释得不大科学。说大革命是中国人民对帝国主义和封建军阀长期以来郁积的愤怒的集中大爆发，倒还可以。说人们的忍受是有限度的，这个地方不太科学。那么为什么在这个时候就超过这个忍受的限度了呢？你解释大革命为什么会在这个时候产生，还要有点社会分析。还要归结到有了共产党，工人运动的发展跟1919年后社会的发展有关。第一次世界大战期间工业有了发展。大战一结束，西方列强在远东又卷土重来，把中国资本主义发展的势头给压下去了。资产阶级和知识分子的思想有个变化，跟1931年的变化有点类似。光讲人民的愤怒是不行的。

孙中山为什么思想会发生变化，这同世界和中国局势的变化有关系，不是一下子变化的。因为有这么一个背景，所以五卅一枪杀，立刻爆发成全国性的运动。国民党在五四以前虽然搞护法，实际上没有出路。这时社会内部也发生了一些变化。社会政治条件和资本主义在第一次世界大战中的发展也有关，压迫是照样的。同共产党的成立和它的工作也有关。中国的半独立地位跟军阀的政治性格也有关，他们还是要一点独立的。张作霖、蒋介石也是如此。为什么可以利用、团结一些地方军阀，也跟这点有关。袁世凯接受了"二十一条"，但他把它定为国耻，他还是感到是奇耻大辱。半殖民地比殖民地还是好一点，还是有不同。孙中山讲中国是次殖民地，这个讲法不科学。因为次殖民地的意思是比殖民地还不如，比殖民地还次，这不符合实际。

总的说，第一次国共合作怎么去总结经验？对辛亥革命在前面已经讲了。第一次世界大战以后中国的社会、政治情况和共产党成立以后造成的影响在前面也已讲了一些。三种政治力量的斗争、三角斗争怎么讲？政治斗争，说第一种是帝国主义的代理人，第二种是代表资产阶级的国民党右派，这种分析也不大清楚。那么国民党左派是什么？它也是资产阶级、小资产阶级的左派。如果讲政治势力，索性就讲国民党右派。毛主席称他们为资产阶级右翼。国民党的右派，也不一定是资产阶级，有一些是地主、老右派、新右派，还有些封建势力。所以说国民党当时基本上或者说主体上变成阶级"联盟"，但情况仍然是相当复杂的。

第二次国共合作开始是陈立夫他们做的。西安事变以前，它代表资产阶级在政治上有一种需要可以利用一下，比打仗好。它想你只剩下那点力量，可以溶化。

如何总结大革命的经验？这是一个惨痛的教训。现在时间久了，应该用客观、冷静的分析来说明，也不是光责备陈独秀。要说明初期的共产党，一下子卷入那么大的运动，党在工人运动中还有点经验，农民运动只是初步搞了一点，而同那些政客官僚们做斗争没有经验。一方面可能会产生一种倾向，要退出国共合作，像陈独秀、蔡和森都有过这种主张。这个也不行。另一方面，要合作，又没有办法，只有妥协。而共产国际对殖民地世界怎么搞革命也没有经验。

武汉时期要有点分析，错误是怎么发生的？冷静一点分析，党在幼年时期解决不了这样复杂的问题。个别人主张反击。它有个内部的权力分配问题，蒋介石能不能成功也没有把握。如果冯玉祥跟武汉政府站在一起，可能比蒋介石的力量还大一点。冯玉祥一变，就不是这样了。

毛主席还是了不起。对付蒋介石，只有毛泽东，别人还不行。1945年毛主席到重庆，周恩来本来还有点担心他同外界隔离那么久了，可是毛一到重庆就应付裕如。

如果把大革命失败的一切责任都推给陈独秀，那他也主张过退出国民党，这不能说右，他还有个尊重第三国际的问题。对第三国际要讲一点。陈独秀的右倾错误，他是有责任的，但不能把责任推给陈一个人。总之，要不就左，要不就右。这么复杂的政治局势，幼年的党怎么应付得了？宁汉分裂后的东征，首先是武汉政府有各方面的困难，也到了山穷水尽的地步，没有办法了。

政治倾向跟阶级出身有联系，也不一定。跟共产党在一起的有资产阶级左派、小资产阶级。右派，包括地主，在革命越来越深入的时候越来越抵触，越来越变化。某种程度上说，右派中有的本来也是中间派，动摇不定的。关键在左派有没有力量，是不是坚定。那时左派的力量不足，你不发展，动摇不定，中间派就倒向右派。解放战争时期也是如此，左派很坚定，但有些领袖也有过动摇。如果左派显出无能，不能掌握局势，中间派就会逐渐倒向右派。不能说原来的左派逐渐成了右派。其实是：有的中间派有时以左派的姿态出现，一看局势不对，就会变成右派。

武汉的方针斗争、西北路线、党的五大，应该有些评论。为什么犯错误，对过去的历史要冷静地分析，一面是幼年时期的党不能解决这些问题,一面又从中积累了对以后发展有益的经验。

最后,说说对第八章"文化大革命"初稿看后的印象。

"文化大革命"这一章的写作花了力气,问题是总的篇幅不能占太多,不能平均使用力量,篇幅上要压缩。

我们是写党史。党史就要有相当篇幅讲党怎么样,党员、干部怎么样。不能把这个时期的党史只写成毛泽东的错误史和林彪、"四人帮"的压迫史。要回答党到底是怎么回事?

现在这一章虽然也讲到周恩来、邓小平、"二月逆流",但不够。干部受迫害时,他们的思想怎么样,共产党员、领导干部受压迫时的状况怎么样,这才能说是党的历史。主角是党、党员、党的干部。就像写反"围剿"时,必须要写国民党是怎么"围剿"的,但主要是写被"围剿"的红军是怎么抵抗的。"文革"时党的组织涣散,不起作用,但党员还存在。开始怎么样?看伍修权的回忆录,还比较真实。开始是怀疑,想不通。但在最艰难的时候,保持了革命的意志。有的人考虑得越来越清楚,这个是主体。党史,主角是谁?不能是反革命在做主角。在国民党统治下,人民是主体,人民如何慢慢地觉悟。当然,"文革"中间这个问题更复杂。反革命是以党的名义出现的。怎么迫害、破坏党？我们的党怎么样？这样才能了解"文革"为什么能结束，我们为什么可以开展一个新的局面。

　　总的思路应该如此，不然党史就成了破坏的历史，主角是林彪、"四人帮"。这些内容要压缩，要集中地说明这些问题，而且要有具体的材料。我听说上海有一个工程师关在牛棚里，老在考虑长江大桥的问题。武汉长江大桥的晃动是不是允许？他一出来就做实验，证明是可以允许的。这些人是民族的脊梁。如果写党的历史，不表现这些内容，就不符合实际。现在只是在结论中间带几句，那不够。诸如铁路建设，卫星上天。这些内容要展开，这本身就是抵制"文革"的力量。还有农村，总的没有跟着跑，还在生产。工人的主体也没有那样。尖端技术等还在发展。人民群众是主人。在这种复杂的环境下，他们只能有这样的表现。群众开始怎么样？干部开始也弄不清，后来慢慢觉悟了。如果夺权成了人民中间鼓励自己夺自己的权，这不符合事实。实际上不是人民在夺权，而是大大小小的野心家、阴谋家在夺权，哪里有人民自己夺自己的权？！现在稿中有些话也讲得过分，比如"斗、批、改"确是残酷的斗争，但说"古今中外的各种酷刑都用了"就过分了。有的事不必写得太细。如安亭事件、武汉事件等。

　　正面人物是谁？毛泽东有时候也当，有时候不是。应该是党的基本力量、党影响下的群众，坚持革命的意志。如果不写出来，那真是一片黑暗的历史了。当然，那时总的是在错误支配下的，是从取得经验教训的角度来讲错误。总的讲，"文革"不过是个插曲，不能写太多的篇幅，不超过五万字。不是简单地写党受到破坏的历史。毛主席的错误使得坏人能当道、夺权，搞"大民主"。这样搞"大民主"实在不行的，只会使无政府主义泛滥，使得社会上、党内的野心家、坏分子乘机来掌握权力。

对于毛主席有些似是而非的观点，如阶级斗争似乎无处不在，他是片面地夸大了，而且用错误的方法来处理，极端地讲"大民主"。这玩不得。幸亏毛主席的威信还有控制力，不然不得了。所以党还是没有消亡。

毛主席当时感觉到，社会主义社会中还有特权等。他想依靠和发动群众，消除这些阴暗面。问题是"大民主"，搞自发的群众斗争，就搞乱了天下。认为大乱了才能大治，这是荒唐的，把依靠群众极端化了。

这部分不是写"文革"史，是写"文革"中的党史。党的部分权力被篡夺是事实，但是党没有完全消失它的力量。党的影响也不光是党员。农村总的不能说是乱的。党也不能说完全瘫痪了。怎么会忽然出了个张春桥、姚文元，要交代一下，细节可以简化，反过来可以证明坚持四项基本原则是正确的。

1991年1月,《七十年》的初稿都已写出,准备参加修改的人员大体也已确定,决定集中到玉泉山工作,预计在半年内完成。胡绳1月9日日记载:"下午在家看党史稿,准备到玉泉山谈,明日起写书者集中玉泉山。"10日日记:"上午在家把讲话定稿,仍准备到玉泉山。"11日日记:"上午政协常委会闭幕,任重讲话。下午到玉泉山,育之、冲及、健孙、郑惠已于昨日到此。谈话吃饭后返,甚累。"

后来到6月下旬,时间已很紧张,改革开放这部分修改的工作量还很大,这时又增加了国务院研究室副主任王梦奎参加修改第九章。胡绳6月13日日记:"拟约请王梦奎参加,但尚未与袁木(注:国务院研究室主任)联系上。"24日日记:"到玉泉山,谈定7月7日为最后完成期,王梦奎已到。"

这次修改的幅度非常大,许多部分接近重写。执笔修改的分工如下:第一、三、四、五章,金冲及;第二章,沙健孙;第六、七章,龚育之;第八章,郑惠;第九章,胡绳(第一、二、七节),沙健孙(第三节及第六节前半),王梦奎(第四、五节及第六节后半);结束语,胡绳。全稿由胡绳统改定稿。

在改稿过程中,胡绳可以说是全力以赴。他不仅反复阅读各章的初稿和改稿，随时动手进行修改，并且举行了十多次讨论会，有时在上下午连续举行，主要是由他讲话。一般说来，第一次是他看了某一章的初稿后，谈了他认为应该怎样修改的意见，然后由负责修改该章的人进行修改；第二或第三次是他看了改稿后再次谈还需要做哪些修改，经过负责修改的人再次修改，最后由他自己动手，仔细修改定稿。

在这近八个月的时间内，胡绳最初每星期到山上来一两次开会讨论，其他日子在家里仔细阅读初稿，准备修改意见，后来带着秘书黎钢在山上住下来。平时住在山上的有龚育之、郑惠和我；沙健孙因为还要主持中央党史研究室的日常工作和主编《中国共产党的七十年》大型画册，无法住在山上，但所有的讨论都参加了。最后，王梦奎有一个多月也住在玉泉山上。中央党史研究室的宣玉江负责山上的行政工作。

6月29日，胡绳在玉泉山写了一首题为《初夏》的诗："园深草长树成峦，叶茂荫浓顿觉寒。不是花时空斗艳，枝头新果累如丸。"他写下一条注："其时，余与育之、冲及等合著之《中国共产党的七十年》甫告完成。"其实，说"甫告完成"还稍说早了一点。

1991年1月11日，这是参加改稿人员到玉泉山集中的第二天。下午，胡绳在山上举行第一次会议。他已经看了好几章的初稿,谈的内容也更宽泛,但重点是谈抗日战争那一章(第四章)。

胡绳:修改书稿,大体上大家有个分工,搞完了以后,大家一起搞后面的。

写作的困难,还在叙事。历史不能脱离事来发议论。党史研究室做了些工作,打了些基础。我又看了一下已写好的初稿,也说不出太多意见,最大的毛病是叙事为主。叙事文不那么好做,记事很不容易。特别是写得很压缩,很容易成为压缩饼干,看起来枯燥。一件一件堆下来,让人看得喘不过气来,平铺直叙,记账式的,看得又沉闷又没有必要。事情的具体时间有的必须很明确地写出来,如五卅必须写明是 1925 年 5 月 30 日。但是 31 日、6 月 1 日怎么样,就不必都把日子写出来,否则就成了记账。

记事文,怎么写得有点波澜?现在是压缩式的,文章缺少波澜,让人看了没有喘气的余地。怎么解决?有的要有概括,不能太琐碎;有的要有特写。比如抗美援朝,现在写的是概括的,不能从第一次战役到第五次战役每次都写几句,但上甘岭战役就可以多些描述,有点生气。有时要有点议论,这些议论不是脱离事实来写,不是在事实讲完以后再讲几条经验,那常常索然无味。写事情本身中也有议论，最好画龙点睛地说几句，文章要有点波澜。这是有困难的，特别是这不是私人著作。抗日战争中哪个根据地不写都不行，漏掉哪个，别人都要说话。到底怎么办呢？也可以设想总的都提到，而着重说一点典型事例。有的根据地是经过艰难反复的斗争，有的是失败了重新再来。我觉得要以叙事为主，交代得清楚，叙述生动一些，有点议论。比如长征，四渡赤水就要有一点特写。有的地方三言两语说过去就可以了。要有一点议论，不能光给人一堆事实。说点什么？议论什么？这要斟酌。

说个小事情，"苏维埃"这个名称怎么办？还要用，略加说明，不写也不行，要说几句。当时是叫苏维埃，是不大通的。本来苏维埃在俄文中是代表会议的意思，毛主席想改，连苏维埃的名字也改掉，但没改。

还有怎么出人的名字，比如志愿军只出彭德怀行不行？怎么说出一些必要的经验教训？通过全书要发一些什么议论？马列主义同中国实际相结合，是贯穿全书的，比较完整的理论是从实践中得出来的。革命开始时，理论是比较简单的，从实践中做出新的理论概括，再来指导实践。

过去拨乱反正，主要是反"左"。后来也简单化了。在实践中还得有理论指导。为什么还要有普遍原理？现在一些自由化言论，都说他是从实际出发的，都说他有哪些实际事实做根据。为什么还要讲普遍原理呢？这里有一个总的人类社会经验的问题。比如说要造一座大桥，如果没有造桥学、力学知识，光说从实际出发，怎么造？当然，单讲普遍原理又不够。有些人对"摸着石头过河"采取嘲笑态度。理论在某种意义上常常是落后于实际的。苏联无论什么都要先搞个计划，而不是先有一点笼统的认识和设想，在做的中间再进行调整。一开始是初步结合，经过实践再完善。把社会普遍规律作为一种指导，再在实践中将经验加以概括总结。各个部分中都要有这个意思。

还有一个农民问题。现在有一种倾向，对向贫下中农学习反感，认为农民总是落后的。这也要通过具体事实来说明。农民中有一种是流氓无产者，他们有破坏性；一种是个体小农民，有保守性。共产党的任务，是能在依靠和发动农民的过程中提高农民的水平。也在这方面吃过亏，如湘南农民中一些人，到了井冈山又要回家乡，拖儿带女，受到很大损失。农民有弱点。为什么要提高呢？是因为有这个可能性，不是硬从外面用无产阶级的手来提高他。合作化，也因为他有社会主义积极性这一面。贫苦农民在某些引导下，从个体走向集体，在战斗中间不断提高农民的水平。打土豪、分田地，以适应农民的要求。进城后就需要和可能进一步把农民水平提高。农民是有革命积极性的，苏联一直不相信农民。这些要有画龙点睛的论述。

在民主革命时期，容易写成中国革命中只有两大营垒的对立：反动的，革命的。实际上不是这样的。毛主席开始就说还有中间派。中国的事情，阶级、政治势力有三个营垒：革命的；反革命的；还有很大的中间层，色彩多种多样。这些中间层，政治上力量是弱的，但数量是庞大的。民族资产阶级、城市小资产阶级、农民，一开始不知道革命是怎么回事。大量的中间层摇摇摆摆，有各种色彩。中国革命遇到一个重大问题：如何影响、团结中间层，就是统一战线问题。如何又团结又斗争，总的是团结。这是很大的问题，这样才能成功。

抗日战争为什么对中国革命的影响很大？因为民族独立这个口号能团结最大多数的人，比苏维埃时期的反封建斗争能够团结更多的人。土地革命时，我们的政策有过错误，也有同情的，但总的讲对中间层的影响比较小。抗战时大量地影响中间层、各阶级阶层，才能奠定革命胜利的基础。这里联系到一个问题，就是民族问题、反帝斗争有最广泛的群众基础，有各种各样的表现。抗战前在上海，电车卖票的拿了乘客的钱不给票，英国的电车公司派了检查员来查，乘客还同情卖票的，这反映出最低级的反帝情绪。上海的普通市民，对红头阿三（注：指公共租界中英国雇用的印度人警察）都不满，本来就有一种自发的反帝情绪。你一组织动员，许多小市民也都来了。最初级的、最幼稚的情绪本来就存在着。有了这个，你才能把它提高，才能向他们灌输，因势利导，加以提高，加以组织。抗战就成为最广泛的动员力量。

必要的时候也要解释一下反封建与反帝的关系。有人看来，好像中国共产党以前只反帝不反封建，封建没有动，这不对。这些道理怎么通过事实更加突出地说得更清楚一些，说明共产党为什么会胜利。

对资本主义怎么概括？我们反对资产阶级改良主义。你不要革命，甚至抵制革命，只要发展工业，我们反对。而民主革命实际上是为资本主义的发展创造了条件，反对资本主义或笼统地否定一切"实业救国"主张的"左"倾是错误的。但是，不能不反对那种认为不需要经过革命就可以解决中国问题的主张。这种反对是对的。不然怎么能把群众团结过来呢？

土地革命时期，我们进行武装斗争，又要实现统一战线。而中间分子中一些人反对武装斗争。武装斗争确实吓倒了一些人，使资产阶级害怕。这两者的统一，恰好抗日战争给了一个最好的机会。如果没有抗日战争，中国革命不是不能胜利，恐怕要艰难得多。在反封建下可以建立统一战线，但比民族革命是要少些。抗战这一章，事实都说了，就是没有说到点子上。抓住民族矛盾是非常重要的，爱国主义确实是可以形成最重要的统一战线。

中间力量不行，就是因为没有武装。包括国民党里汪精卫、胡汉民搞不成，也是因为没有自己的武装。地方军阀的武装太小。没有武装斗争，你站不住。没有统一战线，武装斗争就很孤单，成不了局面。最困难的时候，中间阶层也能同情党。问题是"左"倾教条主义者否认中间力量的存在，这就不对了。写书就怕只罗列事实。说明了什么问题？没有。叫人看了喘不过气来，不知道你要表现什么。

再有抗日战争的领导权问题。抗战都是你（注：指共产党）领导？那么蒋介石也归你领导？他错的你也要负责？是不是叫作"合作领导"？抗战也有一个争夺领导权的问题。他也想领导，我也要领导。最后他的领导作用给我们限制住了。总的说抗战不是按照他的方针进行下去，而是共产党的一套政策才坚持到底，也限制了投降、倒退和分裂。我们影响了各派政治势力。

虽然这个本子不能大段地论述，但总要有个看法。这样叙述才是有倾向性。我们的倾向是符合实际的，有指导意义的，尽管只是初步的轮廓性的叙述。抗日战争中两个力量，一个是他领导的。说共同领导也不是不可以，但是中间是有斗争的。

对苏联的问题，适当地说。到社会主义时期，毛主席很大的决策是同苏联破裂。现在从东欧的状况来看，这重要极了。抗美援朝是一个重大决策，跟苏联大国主义的破裂也是一个重大决策。如果中国成了苏联的卫星国，这个局面就不好了。不屈服于苏联的压力，真正保持独立自主，不然这个旗帜就没有了。东欧根本的一条是成为附庸国。跟苏联决裂，是关系到民族命运的问题。毛主席做了许多工作，又经过慎重考虑。这跟打一场抗美援朝同样难下决心。当时干部中间对苏联存在着很强的崇拜心情。所以最初不公开讲，内部说话才讲到一点。

苏联在解放战争时候的态度，斯特朗曾经讲过：全世界报纸上都大登解放军打到了哪里，而苏联很少登。毛主席到莫斯科等了两个月，不是用来谈什么，而是以为斯大林祝寿的名义去的。后来用发表谈话的方式公布这次去的目的是要签订一个新的中苏条约。他们同意了，有个稿子。毛主席说可以，就发表这个谈话。第二天莫洛托夫才去看他。本来斯大林说中苏条约已经有了一个（注：指1945年苏联同国民党政府签订的中苏条约），不必再签。后来改了口，莫洛托夫说可以。这样才说可以叫周恩来到莫斯科来。如果毛主席两手空空从莫斯科回来，这是不得了的事。斯大林真正相信中国,是在抗美援朝中。所以中国共产党讲民族独立,不是甘心做附庸国的党。第一任驻苏大使是王稼祥,他比较懂这些事情,一般干部不大知道这些事,又不好向他们讲明。

抗日战争这部分稿子,最后的删改可能很大,可以说初稿只是提供了些素材。

1月18日,胡绳日记:"上午十时半到玉泉山。午饭休息后开会讨论第六章(社会主义时期之第一章),晚饭前回。"讨论的是还没有经过修改的初稿。

胡绳:开头几年,头绪不清楚,没有给人一个概括的印象。如说新中国初期,初期是指什么?是最初几个月,还是几年?没有说出来。抽象的概念多。事情很多,是不大容易组织。

建国初期是什么情况?那是一个新的国家,党、军队还面临许多考验。初稿说"前进中还有困难",太一般了。问题是政权拿到了,有新气象。但能不能稳固地站住,还是个大问题。有几个问题摆在面前,看你能不能解决。

第一是经济。现在写得很散,前面也讲,后面也讲。这对新中国是一个考验:经济你能不能管得了?国民党留下这么一个烂摊子:恶性通货膨胀。

第二个问题是大陆的军事行动还没有结束。国民党几百万大军被打垮了,但剩下的还有在华南和西南的军队,还有大量的土匪。这的确是个新问题。过去敌人在明处,我们在暗处。现在倒过来,我们在明处,他们在暗处。历史上没有一个朝代能解决土匪问题。初稿把剿匪、反霸和肃反分开,实际上这些是一件事,都是有政治背景的。

第三是打败了帝国主义,但它还在,你能不能对付它?在国际上怎么讲?苏联也不可能再跟美国较量。抗美援朝时苏联本来说好出飞机,后来不出了。它对中国也还有怀疑。所以说社会主义阵营问题,也不要讲得太满了。它把南斯拉夫逐出教门,矛盾已经开始。东欧各国都杀掉不少人,后来许多问题的根子一直在那里。对我们来说,当时必须面对美国的直接侵略。这个问题解决不了,你就站不住。

这三大考验要解决好。如果再加上第四点,就是你当权了,从被压迫的革命者变成了执政者,这也是一个考验。

三年中恢复经济,这三个问题解决了。为什么这样复杂的问题能够解决?因为我们的党是统一的,中国从来没有过这样一个党。当然中间也出现过高、饶的问题。但总的讲,党是统一的,动员了人民群众,不然三个问题都没法解决。这时才真正证明你能够站住。1949年胜利时,到底能不能站住?这个问题还没有解决。最初三年解决了这些问题，有计划的经济建设才有可能。

要讲新气象，要讲社会和国家发生的新变化。在几个考验中证明你站得住。第一节不必写得那么小：这时基本上是解决民主革命留下的问题。先是要站稳脚跟，不四面出击，不要忙着搞社会主义。至少要讲这三年的形势，面对什么问题。在三年内，我们把它解决了。

叙述确实有困难，事情很多，全按时间次序讲也不行，不大好办。高、饶的问题不如跟党的整顿放在一起，靠党。有人说中国的传统是上台容易，但它是个大染缸，要答复这个问题，索性把经济问题集中起来一起讲。（注：胡绳讲的这一点很重要，如果只是简单地讲建国初前进中还有不少困难，那太一般了。事实上面对的是，新中国究竟能不能站住脚的问题。这太重要了。但人们很少意识到这一点。）前面讲三年恢复，四个题目，要一开始就给人一个概念，三年才站稳。现在这个头开得小，好像没有解决什么大问题。剿匪反霸为什么？这才真正形成了统一。抗美援朝解决了独立问题。还有富强问题、民主问题，那就搞土改，调整工商业和早些时间的没收官僚资本，这就把经济搞起来了。

逻辑关系很重要，怎么把这些事串起来？现在堆在一起，不明朗。解决了这几个问题，新中国成立的根本性问题就解决了：站稳了。

对资本主义的改造有许多矛盾。当时必须改造。农业改造是清楚的。讲资本主义工商业的社会主义改造，不应该讲是因为有了强大的国营经济可以改造它。恰恰相反，国营经济还不够强大，所以要改造它，不像现在我们有了更多的经济手段，如税收等。要讲清楚是在什么条件下必须实行这样的改造。

归纳几点：一、总论，概括这七年，着重是前三年，新气象，同时要解决什么问题，分开来讲，为三年后有计划经济建设打下基础。二、军事斗争继续完成，包括从清匪反霸到镇压反革命；因为抗美援朝，他们以为机会来了，特务活动更猖狂。民主政权的加强也要讲。三、经济方面的问题，国营经济怎么样，土改怎么搞，财经统一，调整工商业。而且那时抗美援朝还在打仗，是边打边建。四、抗美援朝，包括初期和以后的外交。有些人不注意，当时还表示愿同外国做生意，愿向外国借钱，说明改革开放不是突然冒出来的。后来来了朝鲜战争，我们不得不那样对付你。五、恢复经济，提出总路线。六、党的整顿，三反。七、农业合作化，资本主义工商业的改造，知识分子问题。八、第一个五年计划的完成。也不能说太多，因为比较复杂。现在农业搞承包是不是就要否定过去的合作化？现在私营经济的存在和发展，是不是就要否定社会主义改造？当时是在一个什么样的历史条件下，为什么要这样做？这些要向读者说清楚。那时也没有足够的经验，不会用经济、行政、法律手段来解决这样的问题，所以只能用这个办法来解决。

新民主主义是不可能万岁的，一定要向社会主义过渡。实际形势迫使我们这样做，效果是好的。如果不发生以后的一些问题，是很好的。有人讲当时面对着选择新民主主义还是社会主义，不是选择问题，而是必然由新民主主义发展到社会主义。

毛主席对形势变化的判断是很快的。他看到一个什么新的苗头，立刻就改变。1958年感到有"左"的问题了，开郑州会议一下就变过来。（注：指毛主席在郑州会议上提出并要求纠正他已觉察到的"左"倾错误，特别是人民公社化运动中把集体所有制和全民所有制混同起来的偏向，并且提出社会主义条件下商品生产的重要性。）陈伯达迟钝，他就把陈批了一顿。不要处处写成毛主席错了，其他人都对。当然，有些同志提出正确的意见，后来看来是对的，也应该提一提。如农业的第一个决议提出"两个积极性"（注：指当时听了作家赵树理的意见，说农民既有社会主义积极性，也有个体经营的积极性）。批邓子恢也不是毛主席一个人的责任。包产到户是广东首先搞了，还搞试点，但陶铸一到北京，看到气候不对，就要广东停下来。陈伯达1961年非常提倡自由市场。反正一讲得细就麻烦了。民族区域自治要讲一点，还有政权的建设。

开头要有个总论，下面就好办了。不能只是按时间顺序写。倾向于按问题写，又同时间联系起来。先大致说一说，然后再分段写，这样方便一些。前三年解决了什么问题，后四年又搞了些什么，总体上要有个设计。土改对中国的民主化、工业化打下了什么基础，也要说清楚。

第六章初稿是1月18日讨论的，接着就讨论第七章初稿的修改。胡绳19日日记："始看党史第七章稿，须二日内看完。有点感冒，急服药。"20日日记："看完第七章（共七万字）。"22日日记："到玉泉山，讨论第七章（1956—1966）用了几乎整一天，五时回。"

胡绳：以后的十年是非常复杂也很重要的十年，给的经验教训非常具体。三中全会前，除了前七年和"文革"，就是这十年。现在的初稿大体上是按时间写的，也有些结构上的问题。比如中苏关系到底摆在哪里，如何开始，如何结束，对意识形态领域的影响怎么样，初稿没有讲。下面"文革"就开始了。整个调子是从反右、"大跃进"、"反右倾",一贯都错,都是"左",后面忽然写十年建设取得巨大成就,怎么回事?怎样解释?前面如何写法?"大跃进"中还是有很多成绩的,比如水利建设,还有许多大型企业是那时建的。对中国经济也要说取得了什么成绩。像"二五"计划,八百六十七亿度电比"一五"计划时多了百分之七十五,绝大多数是在三年"大跃进"时实现的。改革开放前三分之二的大企业是在这时开工或建成的,形成了一大批生产能力。大庆油田是1959年开始的。十大建筑、原子弹爆炸也是这时完成的。这些要讲。群众搞大炼钢铁不行,但水利建设还是值得肯定的。

庐山会议开始时,虽然提出了一些反"左"的措施,但领导思想没有真正转过来。有人说:如果彭德怀不干扰会如何如何。事实不是如此。实际上已经有"左"的思想在抬头,恰好你碰上来,就有了一个标兵。总理问要不要提"三面红旗"?主席说不是我,是群众提出来的。

三年困难,人民是什么精神状态?要说。

毛主席对曾希圣也有意见。本来曾希圣说三年可以改变安徽的面貌,还拿了地图来解释。后来安徽饿死人。稿子中对意识形态的问题讲得太细了,初稿结尾结在"文革",好像这十年就是在为"文革"开道。(注:多次听胡绳说:美国的麦克法夸尔写了一本《文化大革命的起源》，把"文革"前十年的全部历史说成无非在为"文革"做准备，这不符合事实。）"大跃进"也有错误地搬用民主革命时的经验，认为淮海战役这样大的战役是靠人民用小车推出来的，人多就好办事。

和平共处，不能说越决裂越好。那时已经提出了社会主义国家之间也需要和平共处，这个思想也是在这时形成的。

毛主席讲一穷二白的"白"本来是指文化落后，后来成了"一张白纸可以画最新最美的图画"，改换了概念。不能把责任全推给毛主席一个人，这在当时是党内的潮流。这叫必然性通过偶然性来表现。

七千人大会，少奇同志看了报告初稿后说：这个不行，对错误这样轻描淡写，县委书记能满意吗？要加重一些。毛主席一看，说成立一个起草委员会。大区书记每天讨论一次，对这个初稿攻得一塌糊涂，然后改。毛主席说：可以了。少奇，你不要照这个讲，你自己讲。他们是又有共同点，又有矛盾。

要有一个"帽子"，讲讲八大，八大后面临什么问题。八大留下一个很大的问题：主要矛盾。决议中忽然出现先进的生产关系和落后的生产力的矛盾。毛主席最初粗粗地看了一下，后来批评了陈伯达。那话是有一些毛病，不太准确。陈伯达维护这个说法，说列宁讲过先进的生产关系同落后的生产力之间的矛盾。主席说：列宁讲先进和落后，是跟外国比，并不是说生产关系太先进了，和落后的生产力发生了矛盾。如果那样的话，就是说社会制度已经非常完善了，只是一个把生产力搞上去的问题了。毛主席设想的可能是生产关系还不够完善。现在中央讲生产关系要适合生产力发展的水平。毛主席可能感到生产关系还不够完善，要完善，要"抓革命，促生产"。后来又感到要抓上层建筑的变革，来促生产。那时是许多问题摆在面前：社会主义怎么搞上去？当然还有个实际情况：有了社会主义制度，群众的积极性是高的，拥护党，拥护社会主义。确实是社会主义制度得到群众的拥护，这是根本事实。

但是，社会主义怎么搞，完全是新问题。照抄苏联的一套制度，不行。面临许多问题：中国是个大国，经济落后。生产要发展上去，得调整生产关系。怎么把群众的积极性调动起来？容易搬用民主革命时期的经验，或者从某些抽象的公式出发，比如阶级斗争一抓就灵。一大串复杂问题，需要探索。没有现成的经验，没有完整的理论。大体有个方向，在实际中摸索，中间碰了钉子。

这一段要有个总论，摸索十年，取得经验。遭受的失败也是可贵的经验。党没有经验，党的干部、领导干部有一种欲望，要把中国搞好，建设搞成，但又没有经验，问题又那么艰难复杂。对艰难性开始时还认识不够,要碰许多钉子才能认识,并不是几个领导人发疯,一会儿"左"一会儿右,最后搞出个"文化大革命"来,那么大的损失。十年,再大转弯,给我们研究历史的人造成很大困难。这十年中的经验,也是三中全会的基础。

整个叙述中间,有些问题可以简化一些,完全没有形象化的叙述也不行。群众的社会主义积极性还可以贯穿在这里。"大跃进"中也有很多成绩,现在放在最后一节。大炼钢铁,危害太大。"四个现代化"的提出,这里没有提到。按逻辑是按这个方向去走。"大跃进"是错误,不要把它讲成"路线"。还要讲到群众的积极性、党的积极性,像那时有焦裕禄、王铁人、雷锋,群众的表现也好。

右派分子要分析一下,反党、反社会主义的是极少数。很多人根本说不成是右派,他们有点意见要发表。解放才七年,对社会主义的认识谁都还有些糊涂,有些人倾向资产阶级的民主主义。人都分左中右,现在如果要区分也有。如资产阶级自由化,要写一些实在的事情。王实味的事,错误是在撤出延安时被下面随便杀了。党内党外有一些人,虽然划了右派,信念始终没有动摇,这个了不起,应该写几句。也有的人确实是右。

人民公社化运动很难说出有什么成就,什么积极意义。

合作化有积极意义,还要搞升级就有问题了。毛主席开始搞人民公社时是比较激进,看到不行,就退,但又不完全放弃这个想法。他的农民气质很重,说"我最讨厌钱"。他并不主张把工业平分,不会干这种蠢事。有时在理论上承认商品,很强调。但实际上对自由市场等又不太赞成。他要大社,然后就搞到人民公社。他觉得公有制要发展,有时候也讲"退"。几次提到陈伯达代表"左"。

第一次郑州会议,毛主席起领导作用。开会中间,有一个工业方面的材料,说几年后钢产量多少,人们的生活水平提高到多少,这么一个东西。毛主席看了,带到武汉去给王任重看,后来压了下来。1960年陈伯达变了,说中国要饿死人,这个问题严重,引了一段话说这样要毁灭,提出要搞自由市场。十中全会一看苗头不对,就跟田家英离得远远的了。"多快好省"这个作为总路线是不行的。意思无非是说要努力把社会主义搞好,这叫什么总路线?陈伯达起草文件时也感到这一点。后来中央加了很多解释,包括许多方面要实行两条腿走路的方针等。如果光讲鼓足干劲,那只要大家努力就是了。

"一论""再论"不讲了,要讲放在外交里面讲。

胡绳1月26日日记:"看'文化大革命'稿(这是党

研室同志写的二稿)。"28日日记:"下午到玉泉山,讨论第八章('文化大革命'),由席宣再去改。"

胡绳:"文化大革命"这是个难题,怎么写?第一稿我提过一些意见,吸收了一些,但还不够。要写当时对"文革"抵制的干部、党员的积极性,干了好多事情,可以再多写一点。比如干部在受迫害委屈的情况下,保持住了对党对社会主义的坚定性,还可以多讲一点。我们党有个特点,什么情况下,首先维护党的团结。在党的团结之下来解决党内的问题。苏联不是这样。在"文革"中间,许多同志还是从维护党的团结出发来处理各种问题。这一点在国际上比较特殊。

我觉得"文革"这部分把事实描绘了。但是到底写什么?为什么发生这些事情?为什么出现这样的事情?它是在社会主义政治基础、经济基础上的错误领导造成的。这个错误不能说没有历史原因,不能说只是毛主席发了昏,大家阴差阳错,搞成这样。《历史决议》比这个还多一点,如何从事实发展中来写,为什么发生这些错误。说这是个悲剧,这是《历史决议》讲的。又经过了那么多年,又有了苏联、东欧的教训,应该更深入一点地来讲。

毛主席想要搞社会主义,自以为是马克思主义的。现在看,毛主席有些观念是不是也还有些本来正确的东西却推演出错误的东西来。毛主席经过了那么多的胜利，骄傲了。伟大的胜利是跟个人领导分不开的，这是一方面。但他又不像秦始皇，以为他创立的政权可以万世永存。他老是担心政权靠不住，有亡党亡国的危险，还有问题。还没有哪一个党像他这样子的。也许列宁有过类似的语言，其他党没有。他提出这个问题，这个问题提出得对不对？如果说他的错误是：明明取得了决定性的胜利，还老想有复辟的危险，其实问题已经解决了。那样反对他恐怕不行。甚至他还有点远见，天才的见解。他不是认为创立的事业已经那么稳固了，没有一点问题了，他觉得还有问题。也许他这个想法是从抽象的历史经验提出来的，没有跟实际结合得很好。

说无产阶级和资产阶级的斗争已经没有了，恐怕不能这么说。实际上是我们掌权了，执政了，但国际、国内的斗争还存在，比过去情况更复杂了。社会主义不可能在一张白纸上建立，必须建立在人类文明的基础上。一切东西是又继承又批判地改造，不是简单的"破四旧"，消灭资本主义。人类的文明发展成果还是要吸收。他看出跟资产阶级还有斗争，后来又看到它的复杂情况，但还是老的公式：一个阶级推翻另一个阶级。错误在哪儿？这要分析。"资产阶级就在共产党内"这句话，有的人批：党是阶级的组织，怎么阶级还会在一个党里。这个批评不大行，这顶多是在字眼上抠。他无非是说有些资产阶级的人物在党内。不能简单地批：党是无产阶级先锋队，怎么会有个资产阶级在党内？世界上不是有很多复辟，有些就是在党内吗？不是命题错了，而是跟实际结合上发生问题了。

现在看怎么讲清楚，只讲现象说不清楚。为什么毛主席犯了错误？为什么毛主席要反对刘少奇？不能只说是林彪、"四人帮"搞的。刘少奇一向跟毛主席很好地合作，有错也检讨，没有反对过毛主席，为什么非要把刘少奇搞下来？刘、邓、周对毛主席有的"左"的看法，是不大同意的。这个问题不说明的话，人家就会觉得无非是共产党里面争权夺利。

毛主席怕刘少奇推翻他？没有这个可能。毛主席的错误总的是"左"倾，又有些正确的东西。脱离实际，又把问题夸大了。这样，刘、邓不大接受，才形成这个问题。毛主席有些正确的观点，但推演到了极端，如说年轻一代一定胜过老的一代。看"二十四史"有可能有时太动感情，总觉得年老的一代搞社会主义不行，要换一批人。不能这样地把问题推到极端。

比这更难的，为什么会出现林彪、江青两个集团？初稿上没什么分析就出现了。怎么说清楚？这两个集团怎么解释？能不能用历史唯物主义的观点来分析一下？这个绝不是简单的几个人的事，有一批人跟着他。夺权，谁起来夺权？马克思主义的历史唯物主义对这个就不能用了？我们还是要做历史唯物主义的分析，这是怎么回事。搞不好是无产阶级政党里的事，不能不承认是发生在党内的。

龚育之：乔木讲过，中世纪教派的斗争是那么厉害、那么残酷，能说不同的教派代表什么阶级吗？

胡绳：但是说是无产阶级里面的几个派，也不好吧。定性还是野心家，个人主义。我跟少奇同志聊起来讲到过，在中国这个环境下，我们参加革命，最初是个人找出路，慢慢地发现个人不行，还是要依靠党，依靠阶级，觉悟提高了。党做了许多工作，把个人吸收到党内来培养教育。但总有些人没有真正改造好，成了共产党人还是为了追求个人的目的。这部分人很多实际上是游离分子、流氓无产者。鲁迅讲是流氓。土改开始时起来的常有不少人是勇敢分子、流氓，有些破坏性，也没有原则性。鲁迅那时讲的是上海的流氓。

林彪提出过什么路线？他有没有提出一条资产阶级的路线？自己"左"得出奇，反苏修也厉害，结果又往苏联跑，什么原则性？

我们看江青是不是都有这样一点，还有王洪文等都有，利用革命达到个人目的的各种野心家，实际上是这么回事。

江青有什么资产阶级复辟的纲领？她的夺权是怎么样？大家反对她，她搞的是法西斯专政。

自发的群众运动，由正确的人领导的时候，最初出现的往往也是勇敢分子。自发的群众运动，说群众是不会错的，但首先出来的人中常有一批是混迹在党内的没有改造的"二挺"之流（注："二挺"指的是四川有名的造反派头目刘结挺、张西挺，二人曾是四川省"革筹"的头目），跟着跑的人也有。农村出来的有些领导人，甚至到了军、师一级的，政治觉悟低，文化也很低，跟着跑，一下子就把自发的破坏性搞出来了。我到广东看，莲花峰给炸出来一个角。当地的一个师长讲因为群众烧香，所以他用炸药炸。干这种愚蠢的事，文化素质很低，这些人是跟着跑的。文化落后、政治素质不高，落后性都表现出来了。

这两个反革命集团，利用了毛主席错误的东西，加以极端化，把最落后的东西鼓动起来了，所以我们承认有封建的东西，反四旧是用封建的手段，甚至还不是资产阶级的手段，有破坏性。

细节倒可以少说一些，这些可以在叙述事实中间来表现。群众为什么那么积极？确实把群众发动起来了，但慢慢地从实际中间看出不对，就不愿意跟着跑了。现在的稿子将事实说得也清楚，还太细，比如说王洪文的一些活动。

还是从大处着笔说清楚，不是去叙述那些细小的事情。

关键是毛主席的错误。在他的威信下，其他同志也没有一套对社会主义完整的主张，对复杂的问题也弄不清。毛主席的威望没法反对他。出了林彪、江青反革命集团，倒是个问题。毛主席还在台上，重用了他们。如果不说清楚，没法交代。

叙事的细节不一定这么多，但将必要讲清楚的事情讲清楚。"文革"的方法是在群众运动的名义下，搞一个自下而上的、自发的各种斗争，放弃了党的领导。那么谁来领导呢？就落到了这些人手中。我们党的历史上为什么忽然来了个王洪文、张春桥，怎么交代？要讲出个道理来。党内某些阴谋家也存在，就煽动起来。封建主义的东西，专制主义的遗毒，跟个人崇拜有关，比如说跳"忠字舞"。实际上毛主席错了，一个是理论上不见得正确。也提出了些重要的问题，如还存在资产阶级和无产阶级的斗争，但看得简单化了，结果推演到是一个阶级推翻另外一个阶级的斗争，对形势的估计夸大了敌情。

还有个方法问题，有些用民主革命的经验来搞经济建设。这几个东西，把事情搞乱了。过去长期都是大搞群众运动、阶级斗争，是成功的经验。不但毛主席如此，大部分干部也是这样走过来的。中国搞社会主义，中国这样一个复杂的情况，又没有经验，经过些曲折是不可避免的。但曲折那么大，有个人的因素。在这个意义上，"文革"的发生不是必然的，但曲折是必然的。他这么大的权，又那么自信，放出来了，他认为我能够收。他以为天下大乱可以达到天下大治，以为我控制得了。按他的逻辑，在中国十亿人中反社会主义的到底有多少？百分之一？人数也相当大。某种程度上，对社会主义不满的人，有二心的，本来是由各方面管住的，你把他们统统放出来，自由活动，那还得了，而且还让他们互相结合，串联。毛主席本来对旧社会很有了解，这方面却估计错了。

还有个中间派，摇摆不定，相当部分是跟着跑。所以在社会主义之下，搞天下大乱这个局面，根本不行。

描写到夺权，谁在夺权？很难说都是坏蛋，但相当大部分是。全国山河一片红，到底是怎么个状况，怎么估计？"文革"有些事情，当事人也很难懂。有些事情只讲个大轮廓，细的有些就可以不讲，要讲就得讲清楚。比如说王、关、戚这些人怎么抓起来的，掺沙子等也讲得太细了。所以讲"文革"，先是要把总的轮廓讲清楚。

事实上，第一段总要有些论述，把总的形势，为什么会出现这两个反革命集团，然后按历史叙述。现在分五段，有总论了，有些议论前面说过了，有些事实可以简单一些，后面可以再有一个总结。外交不拆开也可以，经济上当时的问题主要是严重的比例失调，物价很便宜，但买不到东西，大家消费的要求低，所以也不那么紧张。

毛主席搞"文革"的基本思想，在这个思想下"文革"总的是什么情况，怎么出现两个反革命集团，能够交代一些，就差不多了。甚至毛主席自己也控制不住。要把毛主席错误的指导思想讲清楚，甚至包括他的某些合理因素。这一段写了以后，再叙述事实。

毛主席总觉得他这一套思想，原有的干部贯彻不了。要叙述他的思想造成一个什么格局。最后是从历史的全局来看"文革"起了什么作用和它的教训。历史有它的必然性和偶然性。如果1967年毛主席死了，历史会有不同，但就会改到十一届三中全会那样也不可能。如果毛主席死了，周总理健康，也会不同。他不用抓"四人帮"，他有威信，但可能转得慢一些。"文革"十年很坏，但是走到极端，就物极必反。

胡绳1月29日日记："看党史第九章（即新时期）二稿，初稿未看过。"31日日记："上下午在玉泉山讨论第九章。到此社会主义时期四章均谈完。拟四、五月去住。"

胡绳：这是当代的当代。前面还有历史决议作为依据，这里没有。新的写法一直写到十三届七中全会，倒也是一个新的起点。最要紧的是小平同志是总设计师，这是核心。这样，胡耀邦、赵紫阳下去，不影响大局，不过是人事变动。

三中全会要讲它的历史地位。下面怎么讲？农业改革讲到什么时候，讲到1984年？看来大体要贯下来，一个是总的头放在那里，后面再分类说。"一个中心，两个基本点"，充分肯定它的成绩。改革开放，要把资本主义为人类积累的科学技术和管理经验这些东西学下来，它不是只为狭隘的资本主义服务的，而是为人类服务的。所以要了解，要吸纳。农业跟合作化、水利都有关系，问题是要把人的积极性调动起来。

要讲1984年以后，四年的徘徊。耀邦1984年说农业过关了，一直到1989年农业又徘徊，这是个重要的教训。斯大林对商品的范围限制得很小，比如生产资料的调拨，不顾及价值规律。斯大林、毛主席说，跟农民交换叫商品，问题是国有企业内部的交换叫不叫商品？因为主人没有变。

这个稿子还是花了功夫的，比前面几节的难处，在于没有怎么写过。现在写的还是把许多事情串起来的，毛病当然可以挑不少。里面许多概念并列地写，用当时文件的写法，哪次会议怎么样，哪个文件怎么样，一大串。只根据当时的会议和文件写，不能给读者留下特别的印象。

还有些事情，现在还没有定论，正在摸索中间。比如说企业的所有权和经营权分离的问题，企业的承包制问题等。问题还很多，写上去后好像都已成为定论了。所以太细的，可以不写，只能这样。

突出一些重要的观点，这一章是讲新时期。说明这一时期是总结过去各章所讲的正面和反面的经验，找到了一个基本符合中国国情的社会主义道路。这些实践初步证明是正确的，有的问题还没有解决，但前途是光明的。

两年徘徊（注：指1976年至1978年）这比较明确，也要写一段。这一时期处理了一些问题，有一点进步。政治上许多问题解决了，但经济上有过新的错误。是不是把两年徘徊单独写一节，还是一直写到十一届三中全会？整个头也可以不在一开始写，而是在三中全会以后的发展中间来说。有了一个新的局面，两年徘徊必然会引出三中全会，三中全会以后造成了新的形势，又发生了变化。要整个说一说改革开放的路线和基本思想，以小平同志为中心，还有陈云、李先念等老干部，总的党的领导状况。

讲三中全会以后拨乱反正，全面改革。那么改革什么，总的思路是什么，概括地说，放在哪里？一直到现在，慢慢摸索，路越来越清楚。十一届三中全会以后，整个政治思想路线是什么？就是以经济建设为中心。解决了一个很重要的问题,生产关系一定要符合生产力发展的水平,才能促进生产力。抓建设就只是抓生产力?不是,也要抓生产关系,要从具体的国情出发来进行。全面改革包括开放问题,也包括政治体制的改革。有这么一段,全局讲清楚,再分头讲农业等,这个初稿要照顾到时间的发展,又好像要按问题写。

还有一个外交。现在这一段写得不大符合实际,也比较难写。农业1984年以后不大注意,这些都得写,甚至于1988年又重新注意,你不写断不下来。原来的写法是先讲建设纲领,再讲体制改革,好像又是分问题讲,又多少是按时间讲的。

社会主义初级阶段理论的形成这部分,好像是在讲十三大,又好像是在讲十三大以来。1984年以后农业的徘徊没有地方写。下面写城市改革,也比较难。但是可以写权力下放、发展商品经济的措施。还有企业方面的改革措施。开放政策要不要写一节,它的意义在哪里?你不说清楚,就会发生问题,底下讲和平演变,讲外国制裁,那么不开放不就得了吗?这不只是有些投资什么的问题,是社会主义发展中间的大问题。

为什么这个时候突出地讲开放?以前的状况有它的原因,这里包括我们的政策和资本主义国家的封锁。开放也要有一定条件，才能很好地执行开放政策。毛主席当时讲要打扫好房子再请客。如果你经济没有发展到一定水平，你开放不了的。旧中国有什么不开放？国民党也不是闭关锁国。中国穷得没办法。农业没有多少剩余商品可以卖出去，对外开放能卖出多少，能买进多少？那么穷，顶多消耗一些老刀牌香烟、人丹；出口无非是猪鬃、丝绸、桐油。那么穷的时候开放，只能是殖民地、半殖民地形态的对外经济联系。而社会主义要发展，需要吸收世界文明的成果。银行是列宁强调的。保险公司是资本主义的创造。你失火、失事可以给你赔偿。它可以把社会资金集中起来，这是非常适合于社会主义的，当然也可以用来为资本主义服务，资本家可以赚钱。封建时代什么都靠国家赔，国家哪赔得起呀。打开了眼界，资本主义是创造了许多文明的新东西。它的问题是反映了社会化大生产和私人占有之间的矛盾。某种程度上吸收这些到社会主义来，更能发挥它的效益。

开放中间发生了一些问题：西方一些势力要搞和平演变。当然不能因此害怕而不去开放。开放的问题，现在有些还不容易说清楚。过去他们封锁我们，现在又制裁我们。路线总的是要改变，把发展商品经济的问题、计划经济的问题，放在一个总的里边讲。所以薛暮桥写了十个理论问题，都是市场经济和计划经济的问题。整个改革的思路：

一个是生产关系要适合中国现在的生产力发展水平。所有制方面要进行些改革，如个体、私营企业。一个是计划和市场。十亿农民、农村本来是半自给经济，有的本来是自给经济。几亿农民卷入到商品市场里来，这和几亿农民卷入土改有同样伟大的历史意义。这种转折当然会出现各种问题。有些具体问题可以在城市改革里边写，比如价格调整等。开放的成果还有什么问题？怎么去讲思想政治工作？政治体制改革？两个总书记下来，又是八九动乱怎么处理？可以写得少一点。好多地方都是判断，不能写得太细，不能把很多判断挤在一起，细节不能说的太多。

十二大、十三大是不是不去一个一个描写？不一定要讲每个大会怎么样，参加的有多少人，这些有没有必要？总的要写形成了什么路线方针，讲一个轮廓。中美当时反对苏联，改变还要晚一点，这里也有一个发展变化。反霸不是新思想，原来也反。外交要讲，索性放在最后，跟制裁一起说算了。

现在很麻烦，治理整顿，江泽民的新领导到现在也一年了，外交又有发展。不能写成第二代领导集体结束的时候发生动乱，还是写到七中全会好。先说三中全会开辟了一个新的时代，总路线是什么，造成怎样一个新的时代，领导状况如何，再分开写。动乱放在哪里？主要是讲基本的路线方针,简单地叙述一下十二年来党的领导发展过程,从邓小平的作用讲下来,行不行?外交,还有总的经济发展的成就,无非是两种写法:一种是按时间写,可能没法写,又给人一种印象,哪几年好,哪几年不好;另一种是按问题写,有些发展可能说不进去,另外历史感没有了。

可以预想几种方案,也可以灵活一点。1984年讲农业就放在前面,讲全面改革是从1984年开始,把农业问题照顾到一点。

然后讲政治体制改革,接着再来一节讲1988、1989年的形势,怎么会出现一场动乱。这又有点时间概念了。再讲到十三届四中全会。大体上要有些时间程序,而农业单独写一段是可以的。1984年以后,不光讲农业,讲各方面的经济改革,改革开放也可以放在一起。到后来,问题积累,矛盾激化。到四中全会以后,稳定地发展。这样也可以。

到这时,胡绳对《七十年》的大部分初稿,已经看了一遍,并且陆续谈了他对各章初稿修改的意见,甚至谈了有些章节的结构和层次,由负责修改的人动手修改。这时,第四章(抗日战争部分)最早改出二稿。胡绳2月4日日记:"在家中看抗日战争一节稿。"5日日记:"看抗日战争稿,准备明日去山上谈。"6日日记:"到玉泉山,谈抗日战争章，到沙、金及（初稿）撰稿人王秀鑫，上午二个半小时。在此吃饭休息，又谈一小时，四时回。"

胡绳：二稿比初稿有比较明显的进步，有相当大的改进。特别是一、二两节，比原来好多了。原来写解放区按一个一个根据地来写，豆腐青菜账。当然，还有一些要改进的问题。

第一个是头怎么写，要跟前面联系。比如说日本对华侵略蓄谋已久这个问题，讲九一八事变时已经写过了，这里怎么连贯？有些说法不太妥当，比如说卢沟桥事变"惊醒"了中国人民。在这以前，救亡运动已经相当规模地开始了，强大的爱国主义产生了民族凝聚力。卢沟桥这一枪就把全中国人都惊醒了？中国的工人、农民、知识分子就立刻卷入了抗日的洪流了？这有些过分了。中国之大，有些地方还不知道战争的爆发。如果像写的那样，人民都立刻投入抗战之中，那就简单了。事实上还有个继续唤起民众、组织群众的任务。

如果要写抗战开始时的情况，要写得复杂一点。现在这样说，有些是套话，不是实实在在地分析形势。比如第五页，写各国人民包括日本人民坚决支持中国的抗战。有些先进的人是这样，但这是很少数。没有具体分析中国抗战开始时的局势到底怎样，某种意义上还是一盘散沙，群众有一种自发的抵抗。国际和国内形势好像也写得太简单。苏联当然支持中国的抗战，它在外交上承认国民党政府，要支持它的。"各国人民""无产阶级"这种话概括地说一句，也没有多大意思，不起多大作用。后面可以说一句：得道多助。那也是从长期来讲的。

全国人民坚决抗战，好像也可以这样说。当时人民中有抗日的要求，包括工人、农民、小资产阶级，还有地主阶级的一部分，但是有各种不同的水平。开明绅士分化出来，并不是一开始就很明显，有的是在抗战过程中分化出来的。抗日战争一开始时，可以说抗日的要求相当普遍，但对到底能不能抗日，思想状况复杂得很。很大一部分人不相信抗日能打下去。有国民党在那里。人们对国民党又不信任，又感到没有它能抗战吗？扛得了吗？对共产党，只有进步的群众才了解，大多数群众不了解。共产党那时还是比较小的力量，再加上过去国民党长期的歪曲宣传，又有我们自己"左"的错误，有些人根本不相信。所以讲抗日战争开始那一段，要稍微讲得复杂一点，才能看出共产党要使全国人民认识它，成为抗日战争的核心力量，可不是一件容易的事情。

我们有时候做阶级分析：无产阶级是革命的，是它的阶级本性。这是说有可能性，不是都已经革命了。具体的事情要写出当时是什么情况。抗战的各阶级又有各个层次，才发生需要把民族资产阶级、中间阶层的水平逐步提高，不然好像只要把它组织起来就行了。是要组织起来，但还有把水平提高的问题。中间阶层是动摇的，不是只有蒋介石动摇，民族资产阶级也动摇。地主阶级的一部分人是要求抗日的，另外一部分地主阶级又分化出来。那么开明地主以外的其他地主都是汉奸？也不是。某种意义上，它是蒋介石的一个支柱，也有点两面性。不能讲得那么简单，都是抗日，没有层次的不同，没有觉悟程度和认识的不同。这种分析太简单了。第一节主要是这个问题。

前面说过，为什么要逼蒋抗日，因为他是合法政权，有两百万军队，没有他，抗日战争搞不起来，必须国共合作。共产党有多少力量？开始时三四万军队，还有南方一些游击队，后来成为新四军。但抗日有它的优势：政治上的优势。抗日战争这件事是很大的事，是整个新民主主义革命中很重要的事，它才使全国人民真正认识了共产党。这以前，我们进步青年看过华岗的《中国大革命史》，响应共产党的，只是极少数。党是真正为民族独立解放而斗争的，要有事实表现出来。没有事实表现出来之前，人们并没有认识到这一点。广大的中间阶层，也有同情共产党的奋斗精神的。但到底力量有多大，是真正全心全意为民族解放斗争的最坚强力量，人们还不知道。加上过去"左"的做法，还有国民党的宣传，说共产党是拿卢布的、跟第三国际有密切联系的。经过抗日，共产党才真正表现出来，把民族的旗帜真正拿到手，全国人民的多数才慢慢认识这一点。

所以第五页说国共合作后抗日成为空前规模的全民族抗战，下结论太早了。这个时候还说不上。成为空前规模的全民族抗战，是经过长期斗争才达到这个结果。必须把抗战开始时的形势写出来，国民党怎么说，我们的力量还那么小，人民的主导思想是抗日，认识上有各种不同。实际上是亡国论最普遍。能打吗？对国民党有不信任感。中间阶级认为应该抵抗，不能做亡国奴，但很多人感到前途很渺茫。要把这种形势写出来，才能把中国共产党如何努力奋斗、形成全民族抗战写出来；要把许多有抗日要求，又彷徨徘徊的中间阶级的水平慢慢提高。没有这种基本形势的估计，好像很简单，只要组织一下就行。初稿中用很多篇幅讲《论持久战》是军事著作又是哲学著作，有什么什么意义。这里倒是要多讲讲它在社会上产生的影响是怎么样的，要从历史的角度来讲它起了什么作用。初稿中更多去讲哲学了。

日本人借口士兵失踪来挑衅，这些可以不讲，就讲攻打卢沟桥就行了。八一三怎么爆发的也只要一两句话，这些地方可以简单一点。而有的重要的地方能生动一点就生动一点。因为这是一部简史,那些东西讲得简单些,可以腾出点篇幅,把一些关键问题讲清楚。

国民党虽然有二百万军队,但是有弱点,党内有些人想靠这二百万军队,靠不住。1938年,我到武汉,博古也到了武汉,我听了他一次讲话,因为第一次见到他,印象特别深。他一边抽烟,一边慢慢说:你们不要相信游击战,讲我们是靠游击战起家的,但靠这个不能打胜日本。我当时大吃一惊,这个印象特别深。党的历史不是那么简单的。

第二节,说国共两党的分工,好像原来规定有个分工,实际上不能说成这样。它是正面战场分多少战区,分给你一个地盘,安徽给桂系,广东给余汉谋。开始倒是把八路军分到山西去,让你给日本人打掉,后来一看不对,你在敌后发展得很快,它也到敌后去。不是说原来就定好的分工。

敌后抗战,稿子讲了它的必要性和可能性,但没有讲艰难性。国民党军队到敌后为什么搞不了?因为如果不能和人民密切结合,就没法在敌后生存。国民党后来也想搞一点,但它一直没有把敌后看得非常重要,它也搞不了,只好在前线搞正面战场。初稿中没有把敌后战场的艰难性写出来,那不是什么军队都能干的,国民党干不了。这个分工是我们打出来的。后来日本人也懂得这一点了，所以它不再长驱直入。东江游击队最后两年才大发展。东江游击队不是在敌后，它是夹在国民党和日本人之间。日本人吃了这个亏，它在华北最初是长驱直入，国民党被赶跑了，留下了空白，它也填不满，共产党就挤进来了。这个艰难性要有适当的说明，否则国民党为什么不来？是因为有分工？蒋介石原来指定你去那几个地区，认为你站不住，会给日本人打垮。如果死守必然吃大亏。

一开始讲坚持农村包围城市在新条件下的运用，这话人家不一定理解，不一定放在前面，而是后来形成这个格局。我们要在敌后坚持，没有力量占领城市，要跟人民结合，有分有合，这个国民党干不了。抗日战争中，这是最艰难的任务。二百万国民党军队也挡了一阵，但不断退却，只是那样的话，确实有亡国的危险。

第三节，"先斩后奏，先奏后斩"（注：这是《毛选》里的语言），这些语言人家不容易看懂，要加以解释。法国搞人民阵线的经验也没有成功。

人民阵线是一个右倾的经验。我写过一个内部材料，共产国际七大提出反法西斯统一战线，当时出现了三个，一个是法国，一个是西班牙，一个是中国。法国、西班牙都失败了，只有中国成功了。法国、西班牙都犯了右倾的错误,共产党在统一战线中没有得到什么。一个是多列士,西班牙实际上是陶里亚蒂,基本上是右倾的。国际七大反"左"也对,但又往右倾。如果中国按照王明的办法去做,一样也要失败。那时中国摆脱了共产国际,在遵义会议以后某种意义上摆脱了共产国际,但组织上仍然摆脱不了,思想上也摆脱不了。它还有组织领导,它不发话,有些事情就不能办。领导干部的思想也不能解放。所以王明一回来,声势很大。毛主席要克服王明的错误,可很难下手。

这里太强调了这一点。对共产国际说到什么程度?共产国际是很集中的,不仅是思想领导,而且是组织领导。牵连到共产国际,详细分析也难,为什么开始支持王明,后来支持毛主席,为什么?分析不下去,只好停留在现象的叙述上,说几句,最后终于按照自己的来做了。共产国际的态度也有变化。没有共产国际,六届六中全会可能很难解决问题,但问题总要解决。这需要详细论证,而在这里论证不清楚。

独立自主,并不是为了反对王明才提出来的。一搞第二次国共合作就产生这个问题,王明一来,打着国际的旗号,就严重了,克服它就更复杂一点。为什么后来整风的中心问题还是这个?可见从根本上说,这个时候还没有完全解决。

第四节、第五节倒过来写（注：本来第四节讲反摩擦，第五节讲敌后抗日）。先从反共高潮来讲？还是先从抗日来讲？（注：胡绳的意思是先讲坚持敌后抗日，以后国民党挤进来，在这中间发生了摩擦。）

开始的时候要先讲相持阶段到来时的形势，现在拿到第五节才开始讲。国民党内部有汪精卫的投降主义。以前正面战场没有打好，这在前面已经说过了。正面战场的失败，在国民党内部就出现投降主义，看到八路军在敌后的发展，又搞摩擦。要把这种状况先讲一点，才能反映出敌后根据地的形势。这两节是互相联系着的。把两处贯穿起来，这是同一个事情、同一个时候的两面。把汪精卫等事情都放到后面去，就说不清。

敌后根据地概括地说了，还有华中、华南，碎了一点，可以概括地讲。减租减息，不能成为经济建设问题。还有百团大战，怎么处理？否定掉，不好。应该出击，表明了共产党在抗日战争中的中流砥柱作用，驳斥"游而不击"的说法。但不要太突出了，好像不打百团大战，就是"游而不击"，甚至可以考虑要不要出标题。最后用蒋介石的嘉奖作为这一段的结束，也不好。在叙述方面，华北、华东可以不用这个办法，百团大战就在里边讲。

第五节，国民党的反共高潮，这个还好。有人提出不要用,以免引起强烈抗议。这个没有什么坏处。这是历史,改成反共摩擦不好,这是大摩擦,摩擦多了。这里提《新民主主义论》,还比较自然。

第六节,克服困难的两个环子。(注:原稿是根据《论军队生产自给——兼论整风和生产两大运动的重要性》,讲我们军队面临极端的物质困难,怎么办?1942、1943年先后开展了普遍性的整风运动和生产运动,分别在精神方面和物质方面起了和正在起着决定性作用。)

克服困难要抓住这两个环子。但把整风只当成克服困难的一个环子,就把它的意义降低了,好像只是针对1941、1942年的困难,才要整风。大生产是这样,但发展经济、保证供给也是长期的。是不是不一定要用两个环子那样讲,那样就降低了整风的意义。可不可以脱开这种说法?在当时那样讲是可以的。对1941、1942年困难的环境,在《毛选》的《学习和时局》中也讲的,包括发展生产、克服困难,还有反"扫荡"斗争,还有政治上、经济上的各种手段。而对整风要单独讲它的意义。它提出了"惩前毖后、治病救人"的方法,反对残酷斗争、无情打击的做法。更重要的是反对主观主义,提倡实事求是,使思想摆脱各种"左"倾,摆脱共产国际的坏的影响。所以整风是很大的事,真正从思想上解决了这些问题。

整风开始的时候共产国际还没有解散,中国共产党能不能成为后来那样的党呢?从历史上看,这个问题比克服困难更重要。本来中国共产党是共产国际的一个支部。共产国际解散了,是不是就解决了问题?不一定。还有一个思想上的问题。所以提出毛泽东思想,就是把马克思主义和中国实际相结合。一次整风也不是完全解决了问题,但没有整风,就很难解决。

现在看马列主义,又是民族的,要中国化,这是一个非常关键的问题。东欧在共产国际解散以后,思想上、组织上仍然像原来那样,按苏联的指挥棒做,这说明只是几个领导者解除对苏联的迷信还不行。不然为什么在十二月会议的时候,王明一回来就吓住了?所以整风的意义,对党的建设来说,使党真正成为一个中华民族的党。本来以为只要跟共产国际跑,由外面来支配你。如果专门有一节来讲一讲毛泽东思想的树立,行不行?这个时候是解决了中国共产党自己的指导思想问题。

毛泽东思想不等于毛泽东的每一个想法,它又是集体创造的,不是一个人的。用毛泽东是一个标志性的记号,他的确是代表。中国共产党能够在组织上、思想上脱离共产国际的支配,这非常重要,不然事情很难办。这以后,尽管还犯过错误,毕竟不是受国外力量的支配,而是自己犯错误，也由自己来纠正。有些外国人说毛泽东是民族主义。他是真正为中华民族奋斗的，这是非常重要的事情。如果先讲敌后，讲怎么克服困难，然后讲整风，内容就比较少，还是要再加进确定毛泽东思想为指导思想的意义。

第八节才回过来讲 1937 年以来国民党地区的工作，太晚了。可能有几个关键：一个是国共合作，停止内战。后来发生反共高潮，问题比较复杂。本来国民党反共，为什么我们对国民党的斗争要有理、有利、有节，因为始终坚持民族矛盾是第一位的。我 1941 年年初到香港，那时发生了皖南事变，满脑子认为国共要分裂了。这种情绪不行。破裂，是很危险的事。皖南事变的时候，我们是哀兵，周总理写的"千古奇冤，江南一叶；同室操戈，相煎何急？！"那几句，始终抓住了民族矛盾是第一位，斗争是有理、有利、有节的，引起广泛的中间层的同情。或者是分裂，或者是团结，这个问题摆在大家面前。分裂的话，抗战就抗不下去。这个问题，一开始在讲敌后游击战争时，就可以讲到。

坚持抗战，反对投降；坚持团结，反对分裂；坚持进步，反对倒退。这对中间派很重要。本来中间派吓坏了，用这个政策把他们吸引过来。不是硬碰硬，不能分裂，民族矛盾是第一位的，但也不全是委曲求全。原则是抗日，问题是它引起的。这个政策不只打退了国民党的进攻,也吸引了中间层起来维持抗战下的团结。1942年以后,皖南事变以后,团结面扩大了。

1944年湘桂战役,影响太严重了。国民党两次大溃退,第一次八一三,战略上有毛病,但总是进行了抵抗,是防御中间的撤退。湘桂大撤退,你没法说了,这是溃退。国民党暴露了军事上的问题。当时在战争年代,大家最关心的首先是军事问题。政治的腐败反正已经看惯了。这次溃败几乎连峨眉山也守不住了。这样,一下提出了成立联合政府的主张。

中间势力怕变成中共的尾巴,表示它是独立的,其实它是赞成成立联合政府的,因为联合政府也有它的份。国民党彻底暴露了军事上的无能,这是最根本的一条。当然经济问题也有,但军事上的影响最大。湘桂溃退是非常关键的。

打退反共高潮,这里讲到中间派完全可以,这是群众的反映。通过打退反共高潮,把中间派的同情吸引到我们这边来,说明中国共产党是真正为抗战大局着想的党,不是为个人的或者为党派的狭隘利益。

吸引群众,没有共产党领导的敌后抗日根据地也不行。你的确在那里打了仗,对国民党的政策又是这样的政策,而国民党却充分暴露出它的又闹分裂又无能的一面。这里虽然不是写抗战史,但确实要用国民党做对照,虽然可以简单一些,但没有这个对照,就说不清楚。

初稿的五十七页,国民党统治集团在战后不可能解决中国的独立和经济发展问题,只能成为建立独立和经济发展的严重障碍,这样讲好一点。

七大怎么样?《历史决议》倒可以放在这里讲。共产党在国内有两个战场,一个敌后战场,一个大后方战场,这个提法不好。不能把国民党地区的民主运动和抗日作战相提并论。

总的结束语,是不是要有一个结论性的东西?抗日在整个党的历史上,在中国民族民主革命过程中的地位和作用,还没有说够。它在整个中国民族民主革命中的意义很明显,这是第一次打败了外国侵略者,全民动员,这样团结。从党的历史上说,党在这个时候真正成熟了。党有了经验,总结了这些经验,是党真正成熟起来的一个时期。这跟前两个时期不能比。大革命时期,很幼稚。土地革命时期,党在全国的政治力量和地位,与这个时候不同,犯几次"左"倾错误,很幼稚。外国人说李立三这些人毫无知识,真可笑。在国共合作抗战时期谁也没有再这样提过。国共谈判的时候也不成问题,主要是边区问题。

中国革命有两个目标,就是反帝反封建。土地革命时主要是担负起反封建的任务,团结的范围要小一些;在穷乡僻壤,反帝这个口号某种时候等于没有;"左"倾路线时,提出武装保卫苏联,团结的范围更小了。抗日时期,反帝成为当前最迫切的问题,也成为摆到农民面前的问题,党充分表现出是为民族斗争的先锋队。这种力量的扩大,和在全国政治生活中的作用,同以前不能比。联合政府也是到这个时候才能提出。抗战初,不单国民党,就是其他党也觉得你不够。参政会称共产党为"文化团体",也只好如此。这是个实际力量问题。

在抗日战争中,党有可能接触到广大地区的人民,有这么大的解放区,对国民党地区造成完全大党的印象、是保卫民族利益的大党的印象。人民通过这些,真正认识了共产党。过去国民党宣传共产党是"土匪"之类,对中间阶层影响很大。民族资本家觉得共产党是青面獠牙的。到抗战时一看,不是这样的。党在抗日这样的大范围内,有可能接触到更广大的群众,人民群众也在这时认识了中国共产党。抗战结束时,全国谁也不能不承认国共是两大政党。

有了本身的经验,抗日的经验,成熟起来了,又摆脱了共产国际支配的影响。共产国际的解散,不等于就能独立解决问题。世界上许多党，在这以后，仍受苏联支配。我们党真正成熟了，领袖也有个成熟过程，不能说毛主席早点当就好了。就是当，是否就那么成熟？他也要经过一个过程。有了两次失败的教训，又总结了抗日战争的经验，就成熟了，有了一套。党的政治影响，党的建设，在国家生活中的地位，要是没有抗日战争，慢慢地以农村包围城市，时间恐怕要长得多。一下把反帝问题摆得那么突出，这问题最能团结最广大群众。当然，还要你会运用，如果你还在讲"保卫苏联"那也不行，党的路线政策发展到了成熟的阶段。当然，抗战胜利时谁也没想到四年以后就全国解放了。这也要好好地把抗日在党的历史中、在民主革命中的历史地位写出来。有了客观历史条件，还要有个成熟的党去掌握这个历史条件，掌握不了也不行。

统一战线和武装斗争要结合。在抗战前要做到这样很不容易，很容易"左"或者右。抗日给了个真正把武装斗争和统一战线结合的机会，当然也要你会掌握。这个时期，结合的条件好多了：武装斗争是对日本；用得不好，摩擦太厉害，也不行。在民族斗争中的统一战线，这两个武器给了历史的机遇，也要有成熟的党掌握这个历史机遇。抗战八年那时候觉得很长，"文革"一搞就是十年，从结束到现在快十五年了。八年中，和抗战开始时相比，党的发展，党在国内、世界上的地位都不同了。开始的时候,美国人眼中会有中国共产党?抗战结束时就不同了。党在政治生活中的比重和抗战前不能比了。

八年抗战在党的历史上是十分值得重视的。怎么讲?总结了过去的经验,成为一个成熟的大党,为下一步发展奠定了基础。七大不单提出了抗战如何取得胜利,还提出了抗战以后建立怎样的国家。共产党到这时有资格提这个问题了。共产党真正有一套,确实是在抗日时期实行了马克思主义与中国实际相结合,中国革命的一套理论,从新民主主义到社会主义。当然,社会主义怎么搞还不知道,但新民主主义的理论确实是完备了。抗日开始的时候,党内议论要走非资本主义道路,但说不清楚。新民主主义论的提出,是很大的贡献。非资本主义其实就是社会主义。到底怎么搞,许多问题慢慢弄清楚了。抗战快结束的时候,有人问抗战以后还有统一战线吗?王若飞不知道怎样回答,周总理说还要有。抗战胜利后怎么一回事,新民主主义论已经提出来了。新民主主义的提出,是非常有创造性的。

又要武装斗争,又要统一战线、党的建设。统一战线中,又要团结,又要善于同国民党和资产阶级、小资产阶级倾向做斗争。这一套在抗日战争期间成熟起来,摆脱了旧的公式。组织上自己解决问题,产生了自己的领袖和一批领导干部。有了正确的路线,广大的群众运动,这跟抗战开始的时候根本不同。武装力量就更不用说了。这就能够独立地解决中国革命的问题。

抗战的整个意义在什么地方写?现在的稿子比初稿进步了,再提炼一下可能更好一些。过程可以简化一些,但写到的,就要写清楚,如雅尔塔会议、七大提到的"承认山头"。有时看外国人写的书,反而有兴趣,他们都解释清楚,我们好像以为别人都了解。

金冲及:对抗战时期的思想文化怎么写?

胡绳:抗战一发生,那时局势很紧迫,思想理论工作不可能展开些什么,主要是解决当前的现实问题:如抗战抗不抗得下去,要不要民主?《论持久战》当时起了很大的作用。后来集中地反对法西斯主义。到1942年以后,在思想文化方面可能有一点批评。先是批评战国策派。批评《中国之命运》要后一点。当时那样急迫的情况底下,主要是解决当前的问题,即缺少一个独立、一个民主。

反对封建复古主义是后期才提的。那时的宣传,还在于使人民了解共产党,认识共产党,从宣传和实际事实两方面来达到这个目的。到了1944年,柳亚子说世界的光明在莫斯科,中国的光明在延安。那时听这话,还觉得是很新鲜的。批评第三条道路是要到解放战争的决战关头去讲,这也许是代表资产阶级右翼的倾向。连冯玉祥都有,他开始也不相信共产党能胜利。胜利确实也来得快。要引一点很有权威的话。许多事可以概括地写,但没有点到就成问题了,如大青山(注:在内蒙古地区)。

2月15日是春节。六天假期内,胡绳看完《七十年》第五章改稿,还看了一点《剑桥中华人民共和国史》。21日(农历正月初七)日记:"到玉泉山议第五章(解放战争),上午九时去,下午四时回。"

胡绳: 解放战争是人民战争,这一点要强调起来。我们装备那么落后,打这样大的仗,靠人民。军队总是有伤亡,为什么越打人越多?一个是农民参军,一个是俘虏兵一下子就转变过来参加解放军,这是别的地方没有的。里面提到淮海战役的胜利是靠农民用小车推出来的,这一点可以渲染两句。那时后方没有现代化的设备,就是靠人扛肩挑和小车。当时有个外国记者不相信,他说你们怎么打?后来我们给了他一辆吉普车,他看到一夜都是连绵不断地向前方运送粮食弹药的农民队伍。他说这不可能是强迫的。过江也没有什么大船,就靠各种小船。

人民军队进了城,上海是最突出的。解放军都睡在马路旁的人行道上，真的感到新的军队来了。（注：乔木也讲过，他看竺可桢的日记，写解放军进城第二天，他早晨一打开门就看到解放军睡在人行道上。竺可桢说：从来没看到过这样的军队。）

问题是人民怎么会拥护这个战争？抗战一结束，人民当然要和平。打了八年仗，立刻又要打大的战争？我们实际上一开始也没有这样想。再打仗，人民不会同意，我们也没有力量。抗战刚结束的时候，有些人有急躁情绪，想占领大城市，连上海市长也派了。香港的游击队进去了又退出来。毛主席到重庆，一直到开政协，整个方针定了下来：要争取实现和平和民主。抗战打了八年，不能回到老样子，半殖民地半封建的状态。我们要和平、民主、独立。怎么实现？开始是重庆谈判，开政协，还有个国际形势的影响，要用和平的方法。

毛主席到重庆，一直到1946年初，甚至到这年6月，我们一直在争取和平，打仗也是为了争取和平道路的实现。对蒋介石发动全面内战，当然要有所准备。抗日中人民已经得到的权利，不能丧失，要基本保持，但不是一点不让步。一方面，要适应人民群众的要求，走和平建国的道路；另一方面，同时准备国民党要打内战。至少有两个可能。和平也认为有现实的可能，不是说说而已，是真准备要实现和平的道路。周总理总结 1946 年的谈判时说，抗战一结束，人民要和平，这是必须重视的。我们还不能建立一个全国的民主政府，但已有了部分在我们领导下的民主政府。所以那时争取这样一个结果：要走上和平建国的道路。

我们要按政协决议的精神来做，具体的东西可以有改变。1946 年几次较量以后，也可能改变一些，比如说政府中共产党的人数、民主党派的人数。军队的数量要多一些。但还是要成立一个联合政府，不能完全是一个新民主主义的政府，离新民主主义还有很长的距离，是在向这个方向发展。

民主建国和同时准备内战，有时候将前一个目标的可能估计得高一点，当时是争取实现这个可能。到 1946 年 7 月大打以后，前一个可能没有了。但还进行和平谈判，还在继续。这时的谈判就是为了争取人心。经过这个过程，在谈判中不断地揭露国民党，才能最后达到争取人民，使人民感到共产党是没有别的办法了，非打不可。这也教育、争取了中间人士。这一点初稿里好像也讲了，但讲得不清楚。不讲清楚人家就会以为原来的要和平只是做掩护，共产党也不过是为了打起来把它做掩护。我们是真在争取前一个可能，认为是现实的可能。中国共产党把抗日作为新民主主义革命的特定阶段来看。反帝反封建任务还没有完成。用什么办法去完成？是考虑两个可能性。和平民主新阶段还不是新民主主义,但有较多的资产阶级民主主义的性质。东欧也有先例。如果走这条路,那要迂回曲折些。东欧还有苏联红军在,我们没有。但在抗日战争中,人民已经得到的成果要保持,无须设想将来也许还打,迂回曲折些,时间会长一点。

这里还有一个美苏妥协的问题。苏联很怕发生第三次世界大战。毛主席后来说,国际上的妥协并不等于国内妥协。毛主席去重庆谈判也是斯大林催促要谈。具体情况是有些变化。大体上说1945年毛主席到重庆,甚至1946年6月底中原突围的时候,我们争取至少几年的和平建国,这不是假的。1946年7月我们称为自卫战争,到后来才提出打倒蒋介石,经过了这么许多过程:和谈、政协,最后证明他不要和平,不要民主,才把全国人民争取过来,这一点在稿子里还没有写出来。

初稿一开始讲战争的形势对人民有利,后面又讲中国人民要求和平。当然我们不能再回到屈辱的地位,但好像讲得太空洞。后面又讲国际形势,应该连起来,美国的力量大,苏联有点怕战争。初稿写得好像人民的觉悟都已经到了要打倒蒋介石了,并不是这样的。尤其是原来沦陷区的人民,最初并不是普遍要打倒蒋介石。已经经历了八年战争,怎么还要打?人民要求和平,这不能忽视。对苏联的态度也要交代一句，前面苏联的表现一直如此。初稿中引南斯拉夫的材料不大有权威性，索性不引。伪军的问题，当时是国民党军队大量成了伪军。

第四页，美国没有对中国进行大规模的武装干涉，是怕这样会陷进去。初稿中说中国人民、苏联人民、美国人民都反对，应该说主要是中国这么大的国家，他们也怕陷入这个泥潭，第二次世界大战刚结束，要美国大量出兵不可能。苏联人民、美国人民都强烈反对，不可能大量出兵。杜鲁门说：中国不是任何西方军队所能征服的，这是根本的。

第六页，初稿中写第三条道路，说是两条路线，一条是坚持半殖民地半封建社会，一条是打倒国民党，面对着这样的选择。至少开始时的情况不是这样的。政协实际上走的是中间道路，不过人民已经得到的权利要保持住。这个时候对民主党派，不是已经要展开批评它的资产阶级民主主义。在1946年，第三方面要中共不要让步太多，当时他们不存在怕中共消灭国民党的问题，倒是怕国民党把共产党消灭了，他们也站不住。

当然，民主党派这时开始分化了，青年党、民社党，政协时已开始分化了，但当时还不存在批判第三条道路的问题。如实现政协路线以后，还有些问题。高潮是1947年3月，把共产党代表团赶走，以后11月解散民盟。民主党派中间比较好的就到香港,这些人站到新民主主义这一边,另外一些人提出第三条道路。中间分子属于小资产阶级。我们在香港批判第三条道路,中央后来说你们有点过分,又要批判,又要承认中间势力。政协路线也是第三条道路,而是向新民主主义走的。重要的是主张走第三条道路的人后来又在分化。首先是青年党和民社党,后来还有分化,周鲸文这个人现在还在,他在香港讲第三条道路。

当时实际的形势,一个是从内战来解决,一个是从和平曲折的道路来解决,它的前提是人民要求和平,但那是一个艰苦的斗争。和平谈判后来没有达到和平建国,才变成不断揭露国民党,争取了第三方面和全国人民。而这个过程开始的时候,我们是争取和平民主的道路,为什么走不通,是国民党阻碍,一直到发动全面内战。事实就是这样。

目标是新民主主义,怎么实现这个目标?立刻打内战,用战争来解决?政协的机遇造成了第三方面的存在,这个过程又是不断分化的过程。分化就有一个怎么争取来达到目的。分析国共两条路线,至少要说中间派参加。抗战刚结束的时候,多数人甚至包括青年党,不是要压共产党,倒希望共产党能够站住,他们才有地位。有些人很快跑到国民党那边去了,有些人当时主张走资产阶级路线,实际上倒是跟共产党合作的。章乃器等是走资产阶级道路的，但实际上是跟共产党合作的，是反对蒋介石独裁统治的。

美国那个时候还不那么看得起他们。初稿写得好像我们又反蒋又反对第三方面，实际上那时国民党倒是又反共又反第三方面。有些中间派，主要还是反蒋的。我们不断在合作中间教育提高他们，不光是个别人，而且是整个中间群众。教育群众，把中间派动员过来，争取和平民主。尽管迂回曲折，但这样做有利于中国。

毛主席厉害，他从延安走的时候，说我到重庆去，如果他要打，你们就打，越打得好我越安全。所以对第三方面怎么分析，党为什么决定这样的方针，根据是什么？为什么无产阶级要领导建立新中国，而那时主张要实行和平民主新阶段？因为人民要和平，还有国际形势、我们的力量、中间派的心态这些因素。要使已经得到的权利获得保障，又要准备他可能要打，这些根据都要说清楚。

第七页最后说到，这样做有利于积累革命力量，准备对付内战的发生，国民党正是在准备发动内战。的确，一方面准备走曲折的道路，目标是新民主主义，但是争取用和平的方法，通过教育人民来达到。后来，全面内战发生，责任在谁？在国民党。我们的准备，不是立刻实行新民主主义，但方向是新民主主义。开政协的时候，中共代表团有个顾问何思敬大讲选票代替子弹，我很不能接受。中央决定中也讲到议会斗争。如果实现的话，能不能避免内战？也难说。当然也可以一国两制，解放区不会搞国民党那些。那样，中国的资本主义会有一些发展。而国民党放弃了这个和平建国的机会，他们也不会完全搞资产阶级民主。谈判的时候，我们在军队的改编上做了让步。后来讲坚持政协路线，不是讲政协决议，那些还可以改。我们让步很多，但国民党仍然不敢承认，政治上哪里有什么"极度宽容"？

毛泽东到重庆，稿中没有交代什么时候回去。对政协决议要做一个估计。第十四页说在不同程度上有利于人民。什么叫不同程度？要做个估计，如果履行的话是什么，这个可以讲一下。这个过程我们总的是准备做的，初稿中有一句"事态的发展，使得中共中央清醒地认识到"，这样讲好像原来不清醒，不太好。原来多少也估计到有这种可能，最后谈不成。

第三方面也是各种态度，梁漱溟是要让步多一些。国民党让第三方面碰个钉子，这才知道他们的任何好意最后都不行了。要把谈判是不是为了准备内战说清楚。在国民党实行全面破裂以后，我们的谈判才是为了准备内战而争取广大人民群众，教育第三方面，使他们能够清醒地认识到这一点。那是在 1946 年底，这点要说清楚。蒋介石 1947 年 3 月打延安，是要在美英苏举行三国会议时显示力量，证明共产党不行了，避免他们发表反对中国内战这样的声明。国民党让董老他们代表团人员全部回延安，事实上就是准备打延安，然后再把他们从延安抓回来。

国民党发动全面内战以后，我们称为自卫战争。这要说明一下，为什么叫自卫战争。

第十八页，战争初期有些人被反动派的强大所迷惑，这要说清楚，"有些人"是指什么人，是党内一些人？还是第三方面？如果是讲中间力量，这个时候这样讲也不好。当时主要是要使中间力量认识到中共是委曲求全的。当然也有人悲观，甚至到 1946 年的时候，还有人这样讲。到了《将革命进行到底》发表的时候，再讲要走第三条道路，那就不是压国民党，而是在压共产党了。

1946 年 7 月大打了，我们最初还是叫自卫战争，政协的口号没有放弃。因为估计国际国内形势，如果蒋介石再开政协，那么谈的时候，我们可以把条件提得高一些，留个后路。实际的形势是复杂的，那时谈判还在进行，还有两面性。主要是在揭露，同时也准备另外一手，万一他同意呢。这样做，最后真正把人民群众吸引过来了，同情我们。

在这个过程中间，谈谈打打，把大多数群众争取过来。大打的形势一形成，就发生美国会不会武力干涉的问题。我们也不怕，要考虑一个国际妥协和国内妥协的关系问题。《毛选》里有这样一篇，说："美、英、法同苏联的关系，不是或者妥协或者破裂的问题，而是或者较早妥协或者较迟妥协的问题。所谓妥协，是指经过和平协商达成协议。""这种妥协，并不要求资本主义世界各国人民随之实行国内的妥协。各国人民仍将按照不同情况进行不同斗争。"这一文件，在编《毛选》第四卷时找到了，这很重要。蒋介石还有一点半独立性。对史迪威来说，他是坚决抗战。当然，他也估计罗斯福不是那么支持他。

第二十一页讲到国民党破坏和平谈判，我们主张和平谈判，甚至在国民党已经发动全面军事进攻时，为什么还要和平谈判？它起了教育群众、争取群众的作用。从抗战结束以后要求和平，到共产党的军队消灭国民党军队，这样的转变是很不容易的事情。党的两手政策很重要。稿中写中央规定每个月消灭国民党军队几个旅，写得太突然了。这是总结经验后提出的。在这以前已经做到每个月消灭国民党多少军队，如果变成主观地规定硬性指标，就不合适了。

国民党全面进攻以后，要有一段写我们敢不敢打。军队怎么发展起来的？大量俘虏一下子就转变过来参加解放军，枪械大量是缴美国人给国民党军队的，装备也都是靠他们，兵源、武器都取决于前线，不然群众没法理解。苏联又不给你，你哪里来的武器？

《中美商约》是不平等条约，把我们当他们的殖民地。有一个问题，我们现在也在搞改革开放。有什么不同？这里要强调一个主权问题，要享有平等的权利。你给外资一点优惠，他有办法可以出口我们的瓷器、丝绸，我们还可以得到各种新的技术。主要是个强调主权问题。

文章里写：反饥饿反内战运动超出了学生运动的范围，"形成统一战线的性质"，这个不大好。运动本身就是一个反美蒋的广泛统一战线。

第二十七页讲法币贬值，用的是美联社的消息，更科学、准确的实际材料还有没有？沦陷区人民的心态，在收复开始的时候对国民党政府的幻想要讲，否则为什么要做那么多工作？

有时候出现一个人，要说明一下，像乌兰夫做内蒙古的主席，要说明一下这个人。西北先讲彭德怀、习仲勋，后来又讲彭德怀、张宗逊，是什么原因，也要交代清楚。

第七节，说李宗仁被美国看中，要用他，这也不是。总的讲，美国是准备万一蒋介石靠不住，怎么办？是否完全选中了李？这里还有些内部的因素，是不是美国就丢掉蒋介石了？怎么说？李宗仁后来又有些变化，国民党内部还有各种派系斗争，蒋介石也在考虑。一定说美国看中李宗仁，这样讲就死了一点，后来李还是被甩掉了。

第四十四页讲第三条道路的破产，讲民主党派的社会基础，好像他们都是要搞第三条道路的。第三条道路不一定只是民主党派的东西，否则就说不通国民党在1947年为什么要解散民盟。分析民主党派的时候，至少要说当时各民主党派的社会基础。李维汉有两个说法，一个是称为其他爱国分子，另外一个是其他资本主义色彩的爱国分子。资本主义色彩是怎么回事？他们里面还有君主立宪派。里面还谈到一个阶级联盟的问题，也不大好解释。哪一个党里面都会有各种各样的人，说大体上代表资产阶级可以。资产阶级，大中小资产阶级，也不是一个。至于政治意见更可以分成多种多样。中间阶级的政治倾向在中国的情况下不可能是单一的，一定是从左到右，各种各样，不能从政治倾向上说它是一个阶级联盟。经过那么大的风暴，它就更加激烈地分化。因为有共产党员参加，就叫它是联盟，也不好说。中国的民族资产阶级、小资产阶级，就是有不同的政治倾向，要讲得简括一些。这个中间阶层的主要倾向，在大风暴中是向左转的。如果那个时候向右转，就不能解释后面的事情。

分析中间阶层，可以提前一些。1948年的分化迅速，主要的倾向慢慢变成这样，是经过实际阶级斗争的教育的。写到1948年，引的是1946年6月的中央通知，好像1948年的时候中间路线才开始跟我们跑，好像太晚了一点。实际上在这个过程中间，不断分化。到1948年，民盟这些人的政治态度已经很明朗了。放在这里写，好像到这个时候他们才明朗的。30年代国家主义派还有些影响。1947年要讲第三方面的分裂。1946年11月，第三方面就分化了，有两个党跟一些社会贤达公开投向国民党方面，他们还有什么第三条道路？到1948年来讲第三条道路，那就不是这些党派了。这也影响了民主党派里的一些人，到这个时候讲第三条道路就不是帮共产党，而是怕共产党胜利了。

到1947年、1948年，经过我们的工作，政治力量的基本倾向已经吸引到我们这边来了。民盟的解散更证明第三大党的破灭，国民党不会再允许它成为第三大党。因为你不靠拢我，我就不允许你存在。表明这些人不是靠拢国民党的，不参加国大，当然他们也不是共产党，国民党也不允许。所以，第三条道路对民主党派要写得恰当。

战略决战，人民的作用要讲。这么大的仗，最重要的，一个是决策，一个是得到人民的拥护，这两个方面。

第五十六页，讲中间路线的性质完全不一样了。实际上，那种不愿意共产党胜利的，是在帮蒋介石的忙。旧政协中即使是中间路线，还是在压蒋介石。资产阶级民主政治，也比半殖民地半封建政治进步。当然，蒋介石要垮了，你要来保驾？但批评要适当。记得中央好像有一个文件，批评香港的党员，不要打击面过大了，对这些人还要团结。其中，最主要的是地方实力派，有些人那时还想搞点军队。西藏解放要放在后面写。

最后总结，写得还简练。三大战役也只能简单地说。其他战役还有一些要写，像苏中的七战七捷。新中国成立时，苏联始终感到你们的战争胜利是靠不住的。斯特朗回忆，他们的报上很少登我们解放战争胜利发展的消息。苏联这些事不必详细写，在什么地方点一下就可以了。米高扬来西柏坡这一段也不必写，他怕中国战争引起美国干涉，对他们造成困难，宁愿中国妥协解决。这个倾向非常明显。总的说苏联并不支持，这个战争是我们独立决策的，主要是写这个。美国要脱身，事实也证明是这样。苏联担心你是要跟美国有什么默契。斯大林心里有这么个鬼，否则对我们的胜利为什么那么冷淡。要将多方面的材料、言论和行动对照起来研究。

这时，对《七十年》各章已大体讨论一遍。

2月15日是春节。胡绳在这天日记中写道:"既然放假,懒得做事,只看了几页《剑桥中华人民共和国史》。"这以后几天,除继续看第五章(在21日上午讨论)外,都在看《剑桥中华人民共和国史》。

3月4日,胡绳日记中写道:"到玉泉山,与山上四人'谈虚'(非谈具体某章),主要谈了对中间十年的看法。午后又与其中三人(金冲及、沙健孙、郑惠)谈(育之进城了,四时回)。"这次谈话,是从《剑桥中华人民共和国史》讲起的。

胡绳: 我把剑桥这本书大体上看了。先谈一个具体问题,即1959年到1961年死人的问题。他们讲得很厉害。我们统计的是1949年人口五亿四千万人,1959年是六亿七千万人,每年增加一千多万,十年增加一个亿。1960年是六亿六千万,比上一年减少了一千万。这里面也包括生育率降低、婴儿死亡率提高这些因素在内。这个问题是要有人很好地研究一下。

第二个问题,最近看了报上登的李瑞环的一个讲话。他批评了八大的决议,决议中说主要矛盾是先进的生产关系和落后的生产力之间的矛盾,这个站不住。生产关系只有适合不适合生产力的问题,没有抽象的先进、落后问题。适合就是先进。当然,八大没有讲生产关系,讲的是先进的社会制度，但给人的感觉是指先进的生产关系。现在来回顾就比较清楚，先进必须有范围，必须看适合不适合生产力的发展水平。应该讲，社会主义搞起来了，先稳定，先发展生产力，在这个意义上，可能是对的。适合不适合，也只有在实践中来检验，在发展生产中来看适合不适合。在教科书中，找不出有什么先进的生产关系和落后的生产力的提法。社会主义的优越性是可以主动地进行调整，包括过快了就慢一点。这不只是社会主义国家如此。许多国家一成立，马上就面临建立什么样的社会制度的问题。在八大时那样提，理论上是有缺陷的，而实际生活中提出一个问题，认为社会制度差不多了，要稳定一点，不能再动了，在生产力的发展中再来看。生产关系到底适合不适合生产力的发展，只有靠在实践中解决。但那样提在理论上有缺点。毛主席后来说，生产力发展不上去，就是因为生产关系不够先进，这是不对的。生产关系的改革，是给生产力发展创造一种可能性。而生产力的发展还有许多本身的问题，诸如科学技术的提高，农业、轻重工业的比重等，并不是说，改变了生产关系，生产力就自然前进了。资本主义社会，生产力常常是自发前进的。社会主义不同，你得有计划地安排这个事情。如果生产力发展不起来，就怪生产关系，这问题就大了。十一届三中全会批评过这种倾向，它把阶级矛盾代替了生产力与生产关系的矛盾，这也站不住。资本主义社会生产力和生产关系，表现为阶级矛盾，这是两个不同层次的问题。到社会主义社会，两者的关系怎么样？否定这个，用阶级矛盾来代替，也不行。

还有一个说法，叫又适合又不适合，也是说不够先进。这样说理论上有缺点，好像生产力先进不先进，可以和生产关系没有关系。所谓先进，只有生产力更大地发展，才能带动生产关系变化。如果没有限制，那生产力就往前赶吧，这里有个理论漏洞，使生产关系任意改变成为可能。

生产关系改变要有限制，要把生产关系稳定住，再用生产力的发展来检验，这样从实际生活说来还有点道理。毛主席批评八大决议（注：指先进的社会制度和落后的生产力之间的矛盾这一提法）以后，没有人出来承认错误。我知道这是陈伯达起草的。为了这个事情，毛主席还去找列宁的说法，他说列宁讲的是和外国比生产关系是先进的，不是说对生产力来说生产关系是先进的。这牵扯到唯物史观讲生产关系和生产力的矛盾，理论上没有讲清楚。适应是不是就没有矛盾？有矛盾是不是就是不适应？从理论上讲，找不出这样一个说法。从历史上看，这个话还有毛病。除了这个说法还有什么说法？无非是说生产关系已经改变了，要发展生产力。那个说法理论上还有一个毛病，就是说生产关系可以脱离生产力,生产力可以拼命地往前赶。现在知道了,社会主义社会不能纯而又纯。八大决议一发表,学术界、理论界也有好多争论。文化的发展也有这个问题。现在常常讲总需求和总供给的矛盾,也有人提出疑问:总需求高于总供给,这是任何时候都存在的。抽象地讲,需求是没有止境的。要发展生产力,不能总在社会制度上折腾,这样讲比较稳当。理论上,需求和供给之间的矛盾永远存在。陈云提出计划不能包括一切,计划之外可以有市场作为补充。这个多少也涉及经济制度问题,不要搞得那么纯。已经有了先进的社会制度,赶快发展生产力,这还是对的。当时不可能提出那么多理论上的问题。

还有费正清讲苏联模式和探索中国式道路的问题,这有点道理。前七年的成就,他不否认。那时也不是完全仿照苏联的模式。中国的社会主义改造有自己的特点。人民民主专政、多党协商也有自己的特点。毛主席认为不要人为地去搞出一个大的资产阶级政党。因为有人觉得,那么多小党,并掉一些。工作比较方便。对苏联的教训,一般干部不大了解,我们党的几个核心人物是比较了解的,包括在第三国际工作过的王稼祥等。

探索就是要摆脱苏联那一套。费正清所讲的探索中国道路中,有些问题。他是从争夺权力的角度出发来讲的。

从实际上看,探索的发展有两个可能,一个是为"文革"做了准备,一个是为三中全会后的改革做了准备。1962年我们跌了一大跤,吸取教训,有些措施就慢慢接近1978年以后的做法,它也为"文革"以后的探索做了一些准备。这个十年是不是可以这样看?〔注:龚育之在《送别归来琐忆》中写道:"(胡绳)把从八大到'文化大革命'前这十年称为'社会主义建设在探索中曲折发展'的十年,并论述了'十年探索中的两个发展趋向'。这是《七十年》第七章及其第十节的标题所鲜明地表述了的。乔木在称赞这本书的新颖见解时说:第七章社会主义建设在探索中曲折发展,这段历史比较难写,现在这段历史不但提出了许多首次发表的事实,而且作了比较确切的解释。这条见解,当然也是根据历史决议的分析,但是突出了'探索'中国自己的建设社会主义的道路这个主题,作出了有别于过去讲两条路线斗争的传统模式的关于'两个发展趋向'的新概括,这的确是有'新意'的。"〕

派系问题。费正清是从延安领导人的分裂讲起的,认为党内有不同派系。我的观察,很难说那时刘、邓是一套,林彪、康生是另一套,实在看不出来。当时领导干部有两种倾向,一种是比较务实的,一种是有着浪漫主义的情绪。1958年大发作了一下。1956年准备八大报告的时候,开始时就有很浪漫主义的东西,后来都不要了,要重新搞。前一稿可能是陈伯达搞的,搞得很长,乔木负责统稿,把它缩短。这个情绪很难说是两派的问题,好多人有时候这样看,有时候又那样看。陶铸在"大跃进"的时候也讲过吃饭不要钱,他在农村搞公共食堂也很起劲。包产到户的试点也在广东搞过。少奇同志到南方去,我跟着他去。少奇同志说,不要种那么多地,种一半地就可以了。路上他只提了一个要注意劳逸结合的问题。一贯比较务实的是陈云同志。有些同志随风倒,也不能完全说是品质问题,对新问题一时没有一定的主见,这个也可以试试,那个也可以试试,都说是投机也不一定。一定说江青、陈伯达在1961、1962年的时候就结合在一起,我也看不出来。

陈伯达这个人,他也在摇摆。郑州会议的时候他要消灭商品,1961、1962年又悲观得不得了,说要没有饭吃了。1962年初,他对上海七宝自由市场大感兴趣,说粮食可以上集市,也可以自由买卖。但一看毛主席批评田家英,赶紧缩回去。田家英本来是主张包产到户的。个人的关系,当然也有。陈伯达把个人的利害看得很重。康生同各方面的关系比较多,但说是政治上的关系怎么样,也难说。周扬跟乔木的关系也很好,"文革"没有结束的时候说到周扬，乔木的眼泪都掉下来了。少奇同志也有摇摆。总理是有些话不得不说，像1961年他再三考虑三面红旗要不要提，但想来想去还是写上去了。陈云同志索性就不讲话了。（注：胡绳的意思是，那个时候，对社会主义怎么搞缺乏经验，谁都不很清楚。又想摆脱苏联的那一套，这样试试，那样试试，有时候这样讲，有时候又那样讲，说这个是投机，是派系，其实都难说。胡绳当时的直接观察，是很重要的。）

　　毛主席有个本事，能把问题理论化。他有浪漫的一面，也有务实的一面。少奇同志一进城，我就听他讲反"左"（注：指刘少奇从天津回来），但反右的时候，他也很厉害。彭德怀和毛主席之间可能有一些历史疙瘩。林彪1962年在七千人大会上的表现很突出。毛主席那样信任林彪，我不大懂。罗瑞卿就是因为林彪告了一状，大家就异口同声批罗，也不知道林彪讲的是真是假。当时要彭真同志写个报告，彭真就托我找吴冷西，问罗瑞卿到底是资产阶级还是地主阶级？领导同志有个人的想法，有历史的疙瘩，这种倾向是有的，但是讲派系也很难说。柯庆施一向是激进派，上海的工作那么激进，但是说他什么也很难说，可能也反映了进入社会主义的那种复杂情况，找不到一个统一的认识。只有毛老人家有威信，他说反"左"就反"左"，他说反右就反右。

陆定一同志是哪一种状况,这很难说。康生本来在中央的地位是降下来了(注:八大时由政治局委员降为候补委员),本来没什么事。他有些神经上的毛病,负责抓一点文化上的工作,写反修文章。到这个时候,他冒出来了,言论中常常讲谁是特务。他这样讲有什么根据呀?赫鲁晓夫的报告,康生因为这件事受到训斥。陈云同志的确比较一贯,跟很多人不大一样。会议上争论也有,没有成为两派。七千人大会后,少奇、陈云、总理在一起。少奇让陈云在各部委的党组会上讲话,得到热烈鼓掌。但他也没有完整地、全局地提出一整套的东西,听得进就说,听不进就不说,七千人大会上他就不讲话。

我们党也奇怪,当时问题那么严重,但到 1962 年以后又好了。在八届十中全会上,提形势问题。形势已经好了,还算这个账?八届十中全会有一个好处,就是阶级斗争问题说是说了,但没有往下传达,还讲不要因为阶级斗争而放松了经济工作。总理他们是务实的。外国人很难懂,认为是权力之争,对毛主席为什么忽然要把少奇搞掉有点奇怪。陈伯达很敏感,他马上感觉到少奇同志关于社教的报告这样讲话不行。

这十年确实是在探索,整个党在探索,个人也在探索，有这样的，有那样的。能不能得出这样的结论，这十年最后就一定发展到"文革"？它不仅仅是为"文革"做了准备，探索中间也有为中国特色社会主义做准备的成分。

"文革"后小平同志一出来就提出这些问题。他是在总结经验，总结更多的是前十年的经验。这十年的探索中，有务实的倾向，也有浪漫的倾向。领导人有时候两方面兼而有之，最初基本倾向是务实。毛主席也是如此，有时候务实，有时候浪漫，最后浪漫倾向占了上风，甚至把不倾向浪漫的打倒，这是一个大悲剧。这使原来说空话的投机分子冒出来。林彪是有一些假象，给人以有理论、能说出独到见解的假象，实际上他是看机会行事。康生那时还找我们去看《李慧娘》(注：是一场鬼戏)，作者孟超是他的老乡，但批《李慧娘》也是康生提出来的，这属于品质问题。

陈伯达是一个书生，心里有鬼，知道毛主席对他有戒备。陈伯达跟胡乔木在毛主席面前完全不同。胡乔木是侃侃而谈，提意见，毛主席有时候也批评他。而陈伯达总是在探测毛的意图，总怕有一天甩掉他。他总打听毛主席正在读什么书，他也跟着读，有时候也有弄错的。在郑州会议上，那样坚持取消商品，毛讲了商品经济的作用以后他还讲。在毛主席面前，他非常胆小。毛主席老讲他 1949 年冬天在苏联那一段，说你看到我这条船要沉了，就跳出去。这话，我也听到过。毛主席在武汉，党内对老子是唯物论还是唯心论有不同看法，陈伯达本来写过文章说老子是唯物论。毛主席后来看到关锋讲老子是客观唯心论，认为讲得对。陈伯达没有马上转过来，也不去认真研究，所以对关锋非常讨厌，说你是个哲学史家。后来毛主席说：陈伯达从来没有很好配合过我，这是瞎说了。毛心里是有这个问题的：到关键时刻，陈伯达是要跳开的，但也要用他写东西，陈是有些本事。

康生到关键时刻就要琢磨了。二月提纲，他最初没有反对，后来一看事情不好，马上掉头。"文革小组"也没有在正式会议上定，毛主席那么一说，就搞了一个中央文化革命五人小组（注：组长是彭真，组员有陆定一、康生、周扬、吴冷西）。本来也没有什么事，开过会议，但和后来的"文革小组"完全不同。康生开始时对二月提纲也没有表示什么态度。到武汉以后，他揣摩事情严重了。彭真把提纲送给康生看，康生托言看电影，让秘书画圈，以后好赖账。提纲送到毛主席那里，毛主席后来说中央常委都同意了，我还能怎么说？我只讲了"左"派整风这件事以后再说。以后他就搞了"五一六通知"。二月提纲在北京也是经过常委几个人同意的,姚臻和许立群到钓鱼台关起门来写这个提纲。"五一六通知"强调说"关起门来",这是深文周纳。

剑桥这本书特别强调知识分子问题。对新时期以后、1984年以前,国外没有什么异议。1984年以后,问题就复杂了,争论还没有结束。

四　上玉泉山修改初稿（下）

这次"谈虚"会以后，讨论会停止了一个来月。玉泉山上的人根据前几次讨论会上的意见（与会的其他人也发表了不少意见，我大体上只记录下胡绳的讲话）对书稿进行修改。因为修改的幅度很大，所以花的时间比较多，不能很快送给胡绳看。在这段时间内，胡绳看了好几本外国学者写的关于中共党史的书籍，包括特里尔的《毛泽东传》、麦克法夸尔的《文化大革命的起源》、迈斯纳的《马克思主义毛泽东主义与乌托邦主义》等。胡绳在日记中对麦克法夸尔的书写下了读后的感想："其中臆测居多。"

《七十年》的第一章是最早完成的。胡绳在3月27日、28日和4月4日、7日看了和改了四遍。4月8日，他在日记中写道："到玉泉山谈第一章，算是定稿会（个别修改处交金）。"因为一些重要问题，在以前已经讨论过，这时是定稿，所以对一些具体问题，包括文字性问题也比较细地讲到，甚至包括哪一页上哪一句话应该怎样改一下。读这本书的人可能会觉得散一点，但从中可以看到作为主编的胡绳，在定稿时那种一丝不苟的高度负责精神。

胡绳：第一章基本上是好的。我动手改了一下，但也还有几个问题可以议一下。一个是一开始讲近代中国，最好把时间讲准确一些。原来稿子上写道，辛亥革命前的清朝政府是一个卖国的、专制的、腐朽的政权，好像它一直如此。那么，康雍乾时期也是辛亥革命前的清朝政府，还不能说是卖国的、腐朽的政府。不如这样写：辛亥革命前的清朝政府已经统治中国二百多年，到了它的末期，成为一个卖国的、腐朽的政府。但专制倒是以前也一直如此的。

稿中说五四运动初期是一场反封建的启蒙运动，好像启蒙只是反封建而已。中国最早搞启蒙，梁启超是一个大师，救亡与启蒙是联系在一起的。他也讲民主，但民主是从救国出发的。如果只说启蒙就是反封建，不太准确。启蒙实际是一直在做，并非只有一次。后来，在30年代也有，比如《中学生》杂志，我曾看过。它讲学科学，学文化知识。叶圣陶他们在《文星》上面做文章，反对日本侵略，这个也是启蒙。所以讲启蒙不要定义为只是讲反封建的启蒙。

第十四页，说李大钊在日本接触到社会主义。他是1913年到1916年在日本，回国以后并不是马上到北大的。

他是不是在日本接受了社会主义,还是接触到了社会主义?不要在一些枝节上引起不必要的争议,要说就说清楚。

前面讲到十月革命,讲到马克思主义怎么来到了中国,还要加一点社会主义思想在中国是如何传播的。引的有些人的话,文字不是很明白。如引瞿秋白的那一段话,别人不容易看懂。这一点要注意。

五四运动的标题要加上"五四运动和社会主义思潮的兴起"。西方文明要明确讲西方资产阶级文明,因为马克思主义也是西方的。这里讲初期新文化运动仍醉心于西方文明,应该说醉心于西方资产阶级文明。

第二十一页,讲五四运动后中国先进分子仍然坚持提倡科学和民主,但民主不只是资产阶级民主,而是人民大众的民主,科学也不再是那些唯心主义理论体系,如柏格森主义等。后面讲到马克思主义的科学世界观和方法论,讲到实事求是,我加了一句"当然也包括自然科学"。社会科学发生了大的变化,其他还提倡自然科学。

第三节以后有一个体例问题。中间我插了一些小标题,当然也不一定统统都要有。"一大"可不可以分成两节,放两个小标题,有一节讲共产主义小组做了些什么事。第三、第四节也加了些小标题,太长了看起来吃力,有小标题可以喘口气。(注:此前乔木曾说过一本书要当作一篇长的论文或一篇长的讲演来写。所以修改稿一口气写下来，最初中间没有小标题。后来小标题是胡绳为了便利读者而亲自一个个加的，但文气没有割断。）

有些名词如会党、新军，要讲清楚。我给加了括弧，里面增加了点解释。否则，你不说清楚，人家还要查字典。

第三十页，出席党的代表大会有几个人的问题。应该说有十二个代表。包惠僧当时正在广州，陈独秀叫他也来，所以参加会议的有十三个人，但不是代表有十三人。（注：1921年共产国际档案中保存的大会报告写有十二个代表。乔木曾给毛主席写过一封信，说现在有两种讲法，一种说是十三人，另一种是李达说的十二人。毛主席看后批道："十二人"。包惠僧不是正式代表。可以说参加会议的共十三人，正式代表十二人。）

对代表的分析怎么说？稿子里说：这时党刚刚建立，难免鱼龙混杂，里面有陈公博、周佛海不久就脱离了党。他们也不是从共产党变成汉奸的，而是从国民党变成汉奸的。至于鱼龙混杂，不只是党刚成立时的事，历来如此。这里情况非常复杂。实际上各个时期入党的人通常是抱着不同的动机来的，有的人为了要土地，有的人为了爱国。常常是先从组织上入党，思想上一时还没有真正入党。经过锻炼，慢慢成熟起来，这是必然的现象。像陈公博、周佛海，没有多久就脱党了，他们是脱党以后才当汉奸的，我们党不能负责。陈公博、周佛海可以说本来就不是共产主义者，1922年很快就离开了。在复杂的条件下还发生其他变化，如张国焘和刘仁静。总的说，要指出这些现象就行了，不必具体地讲陈公博、周佛海是怎么成汉奸的。只是笼统地讲有的人如何，有的人又如何，而大多数人是对党忠贞的。所以删了一些。党成立后，中国革命的面貌一新。小资产阶级影响的"左"倾或右倾，不必一开始就这样来说。是不是用小资产阶级概括得了？至少，一开始不必提。

现在看，第一章我觉得可以初步定稿了。

（在谈完第一章后，胡绳对第二章又谈了一些意见，尤其是他亲身经历的国民党统治区的文化工作和他刚看过外国学者著作后的想法。）

新民主主义革命时期，乔木说党史要联系当时的中国社会状况来讲，要多方面反映党与党外人士、党与人民群众的关系。30年代初期，"左"的错误如打击中间派，但那时候统一战线的工作还在做。还有很多党外人士在帮助我们，像章锡琛就做了好多事情。说"左"倾错误使白区损失百分之一百，讲得太绝对了。党在上海倒是因为领导机关被破坏了，不能再搞"左"的一套了。那个时候像开明书店做了好多事情。尽管你"左",但党外好多人还在党的一边,没有跑到另外一边去。像宋庆龄,我青年时代就觉得这个人非常了不起。左联的时候,茅盾批评过为什么不吸收郁达夫、叶圣陶参加。统一战线,白区的党员在主观上、领导上没有说得很明确,但实际上很多是这样做的。

文艺、文化运动这部分要好好写。30年代像《北斗》这样的杂志被封了,傅东华主编《文学》、陈望道主编《太白》都维持着。胡愈之影响了邹韬奋,统一战线工作做得很好,各方面很有一些新气象。可能第三国际的人不来领导,反而更好一点。上海30年代有一个农村经济学会,夏衍到明星公司去拍电影,还有蔡楚生这些人,这一段的文化工作没有好好写。

有人说"左"倾的错误是只斗不联,实际上并不是说在这种情况下中间派的工作就没有了。中间派还有一部分人是帮助我们的。最困难的时候,甚至章士钊还帮助过我们,杨度还加入了党。所以统一战线那时是客观存在,如果党没有"左",那就更好。

30年代末这方面没有好好写。当然有个麻烦。当时有好多马克思主义的书籍是托派的书店出的,像杜畏之。出版杂志,以左的面目示人,那就只能内部流通。像胡愈之在商务印书馆主编《东方杂志》,就很有生气。他后来搞《新年的梦》,也出了乱子,本来可以不必这样做的,搞得"左"了一点。郭老的《中国古代社会研究》能在上海出版。编《自由谈》的黎烈文也不是左派安排的,但我们充分地争取他的支持,鲁迅在上面写了不少文章。聂绀弩到《中华日报》编《动向》。这种概貌要写出来。"左"的时候也不是完全成了孤家寡人,党员个人做了很多统一战线工作。他们在实际生活中被逼迫着不能再搞那一套。(注:胡绳所以讲这段话,是因为那时候党的路线很"左",但社会科学和文艺在国民党统治区却取得了很大成绩。这是什么原因?因为尽管总的路线是"左"的,但在实际生活中执行那一套行不通,而且党外人士也起了很大作用。不能一说"左"了,就否定一切。)这些事情也证明,关门主义是错误的。

1934年的《申报》上,艾思奇因李公朴的关系搞了个读者问答,支持《申报》图书馆。在这个基础上,后来就办读书生活出版社,宣传马克思主义,但是没有一个理论去反对教条主义,而是在实际上慢慢地冲破教条主义、克服"左"的关门主义。所以20年代末有很多翻译马克思主义的书籍是托派搞的,像郑超麟、李季、林伯修,应该找些人来写些研究性文章,至少可以把资料整理出来。

我也看了一点麦克法夸尔、迈斯纳等人写的东西,他们是用了功的,包括用统计方法。在八大以后党内就有了分歧，他们也注意到八大决议案的问题，但他们弄不清楚。我查日记，那个决议（注：指提到先进的社会制度与落后的生产力之间的矛盾）是在匆忙中间写的，乔木、陈伯达写的，他们请示过谁？好像没有。毛主席好像看了一下。麦克法夸尔他们分析真正的两条道路是从八大开始的，这要驳他。错误是大家一起犯的，有的务实，有的浪漫，有时候一个人两种不同的倾向都有。照麦克法夸尔的说法，从八大开始，一面是刘邓，一面是毛。矛盾比较突出是在七千人大会以后，但没有形成这一派反对那一派。1961年七千人大会组织了一个起草委员会，准备了一个书面的报告稿子。起草委员会包括了政治局的成员、大区的头头，每天讨论，搞出稿子来以后大家也不是完全满意，少奇也有些看法。当时很紧张，但气氛还好。以后的西楼会议，陈伯达有意见，他倒是有些政治敏感，说少奇怎么趁毛主席不在，开这样的会。他的调子变了，我们都不满意他。陈云在会上讲了一通话。麦克法夸尔收集了很多红卫兵小报，根据小报就总结出了这"两条路线"。1961年以后存在不同看法比较明显，是不是党内有两派在斗争？并没有分裂，不存在两条路线。

　　迈斯纳的基本观点，是刘少奇要依靠官僚机构和职业干部，而毛主席总是对党不满意，要依靠群众的力量。这两种力量在争斗。从反右开始,就出现了矛盾。毛提出靠党的自我批评不行,要发动党外的力量,按照这条线索来写"文革"的历史,所以不惜把党搞垮,把群众发动起来。他们的线索是这样的。这是臆测。

第一个五年计划的成就放在哪里写?中国的统一应该强调一下,这确实是历史上从来没有过的,不仅是政权统一。过去统一的帝国也还有土匪的割据,像南阳的大土匪别廷芳。我们写镇压反革命时,也应联系到这些问题,即把地方的土匪恶霸都搞掉了。

以后几天,胡绳在家看《七十年》第二章的改稿,还看了费正清的《伟大的中国革命》,在日记中评论道:"老人唠叨。"4月22日,胡绳日记:"到玉泉山,上午谈话,主要谈第二章。"

胡绳:今天本来是讨论第二章"大革命"的。我先讲两个问题,第一是我在社会科学院讲话,有一个问题略有新意,就是和平演变问题跟党史略有关系。反对资产阶级自由化和反对和平演变不是一个问题,而是有关联。这不是这两年新提出来的问题,60年代初就提出了。这以前毛主席讲民主个人主义(注:《毛选》第四卷评白皮书中讲到

"对于美国怀有幻想的善忘的自由主义者或所谓'民主个人主义者'")跟这个问题也相近,就是没有用这个词。美国在解放以后,先后有朝鲜战争、控制台湾,那个时候不是和平演变,而是要改变中华人民共和国。60年代初,美国对华政策发生了些变化。一派认为对华要松动一些,因为中苏发生裂痕,中国可能发生变化,也可能促进中国的变化。这个主张,中国的舆论第一个反应是美国又搞新花样,对中国要搞和平演变。现在看这个评论是不是完全错了?应该说没有完全错。美国当时发生了争论,至少是统治层的鹰派和鸽派之争。他们的目的一样,但手段不同。如果只看目的,那么他们是一致的。但这样看也不够,确实在策略上提出了一个新的问题,是两种策略。这是一场大辩论。对对方营垒的任何矛盾,要搜集起来为我所用。如果只看它的一致,看不到策略上的分歧,这是不对的。它反映美国有一个趋势,要改变策略。毛主席、周总理当时注意到这个问题,就发生了乒乓外交,基辛格、尼克松访华。他们当时是鸽派的主要代表。应该说对他们的策略变化采取什么态度,还是要看到美国哪一种策略对我有利。这一点,有点像蒋介石在抗战时期从"剿共"到想用"溶共"的办法来消灭共产党。而我们是宁可看到你采取后一种策略。如果我们不对美国的鸽派予以支持,它也行不通。所以我们事实上是支持了尼克松。你采用这套，对我们有利。中国没有办法改变美国的基本政策。在它的总方针底下，是继续孤立你还是松动一点对我有利。后一个策略，是我们欢迎的。我们简单地讲和平演变，这里有两层意思：第一，这是和平演变；第二，你搞这种策略，和以前有不同，我们要利用。我们主张同蒋介石合作抗日，他是有"溶共"这个目的，但是我们对它同"剿共"要有区别。

今天，同美国和平共处，它实际上不可能不搞和平演变，但我们仍要实现中美关系正常化。

理论界要解释两方面的问题，一个它是帝国主义国家，一个要同它做生意，要利用它的投资，和它来往。社会主义可以利用资产阶级来得到好处。这方面的解释，理论界多少讲了一些。但是虽然要开放做生意，世界毕竟是资本主义占优势的世界，它对社会主义又要搞和平演变，对第三世界要控制。后一个方面，理论界说得很少。为什么何新说了一些，就在国内外引起了注意？他补了这个空档。有人讲何新讲得不够科学，那可以写得更科学一点嘛。但不能不承认何新讲了这个空白点。他不是党员，不是专门研究这个问题的。但是我们以前没有认真解释，只能使我们感到惭愧，我也感到惭愧。王忍之说现在应该写一本新的《帝国主义与中国政治》。费正清的《美国与中国》就讲胡绳的书是教条主义。

事实证明，这个"教条"还有些用。美国要用不同的手段，对新的变化要有新的解释。到底帝国主义在世界上是怎么回事？现在我们的文章连帝国主义也不大说了。旧殖民主义的体系是没有了，但帝国主义还存在，有些新的变化。

  第二个问题，要说清楚它对中国的和平演变。要批评各种企图利用民主、自由、人权，利用资产阶级西方资本主义的价值观、历史观来渗透我们，说反对美国搞和平演变，准确地讲就是要抵制。反对，你也反对不了。只要和它在一起，我们不能叫它不策动和平演变，问题在抵制。这同反对资产阶级自由化还不大一样，那是我们不允许它存在和泛滥。当然，这也是长期的。和平演变，只要美国在，它总要搞。《近代史研究》登了余绳武的文章，说半殖民地思想残余妨碍对中外关系史的研究。他的文章比较扎实。费正清的书讲了无所谓英国侵略中国，中国的治外法权一直是中国传统的对外政策。但他的文章还有点分寸，讲的是殖民主义残余。对费正清这些言论，不要说你在搞和平演变。但他不可能不代表他的历史观来影响你，也可能提出一些我们没有注意到的新问题，但是根本观点是不同的。《河殇》的许多观点就是西方的。对传教士，每个人你都怀疑他是帝国主义分子，也不能那么说。有些人是真心从传教的热情来的，但它实际上成了帝国主义侵略中国的棋子。这个问题应该好好地辨认。《历史研究》登了文章，不够。应该好好评论。当然这是学术上的评论。这方面的工作还有很多。我在上中学的时候，苏州的教会学校读英文是读狄更斯的《双城记》，就是讲法国大革命如何残暴，这实际上是一种政治教育，就是说革命是可怕的。用这个课本是不是明确地意识到这点呢？世界观的渗透，是用各种方法的。只要开放，美国的这些就会来。这就向理论界提出了一个任务：要么是统统关门，不来往，算了。因为有和平演变，留学生也不出去了，要抵制和平演变嘛。这个不行。来往中间又要有抵制。有人说尼克松本来是要搞和平演变的，如果你抵制，他得不了势。我们还是把他当朋友的。这两种简单化都不行。实际上政治就是这样复杂的。

当时除编写这本书外，中央党史研究室还要编一本《中国共产党的七十年》大型画册。胡绳当时是党研室主任，编画册的工作主要由沙健孙在负责。

画册问题，我本来不积极，要编就编吧。我是有点知难而退。为什么难？因为党史是复杂的事情，有些内容用图片表现不出来。讲近代史还可以，反面的东西也可以用。党史怎么样呢？比如你讲反对立三路线，你怎么用图片来表示？党内的斗争，用形象化不太容易表现。讲好的就是一切光明，很难表现出这里的复杂情况。"大跃进"等，有图片。看提纲，你写一句容易，用图片怎么表现？有些都没有图片，只好都是正面的。历史究竟是怎样？"文革"的主体也不光是这样的，用文字写可以做点分析。你说林彪、江青，用图片来表现，那不成。既然要搞画册，只能用图片，加一点说明。本来文字是用来解释说明图片的，现在有些只能靠文字。靠图片来表现党史，只能多少要牺牲点科学性。像一大，坏人不给照片，这就不是历史主义，但是把陈公博、周佛海这些人的照片都放上，别人看了也不大舒服，只好靠文字来说明。画册不能很科学地反映各方面的矛盾。"大跃进"时间还短一点，"文革"总得搞一段，那就会影响一点科学性。如果说正面的，老帅怎么反对，有些人关在牛棚里仍然反对，这些内容用图片表现不出来。如果不表现那些不好的东西，人家就不大承认你是在反映"文革"，会问毛主席几次接见红卫兵为什么都没有？批斗干部搞喷气式，外国人都以为很生动。有的只能靠文字补充一点算了。

接着，又转回到谈原来准备谈的第二章的改稿。

第二章我又改了一些，个别问题没有改。一开始讲打倒列强除军阀为中心的大革命,这个要解释。打倒帝国主义这个口号,严格地说不太科学,你怎么打得倒它呢?应该是打倒它在中国的统治,帝国主义还存在。"左"倾的时候,要打倒一切帝国主义。李立三还把帝国主义和世界革命联系起来。我们要做点解释,书中用的是群众的口号。打倒帝国主义,就是中国的独立解放,反对帝国主义对中国的压迫。不然民主革命怎么能胜利呢?

个别的修改加了点说明。像军阀混战、南北之间的战火,都要解释一下。

第二页,跟国民党为什么要合作?因为国民党当时在社会上还是有威信的。讲到年份和时间,有的地方有,有的没有,前面也有这种情况。第二页讲杭州会议,马林提出建议,说服了与会的人,又加上引号,这可能不好,还是说这次会议最后终于接受了马林的意见。时间,有的要写。党的第三次全国代表大会是哪一天开始?国民党第二次全国代表大会也应该有时间。至于鲍罗廷到广东,就不需要写时间。

第五页,有一处没有改,就是孙中山北上后,是在和段祺瑞、张作霖谈判。这里没有讲后来政局的变化,给人的印象好像冯玉祥还一直控制着北京政府,冯玉祥占了北京后来怎么又去了西北呢?没有交代清楚。

第七页,还有个技术问题。这里讲年初陈炯明趁孙中山病重,进攻广州。国民党东征没有讲时间,而6月12日回师平叛刘、杨却讲了明确的时间。这里就不必要讲时间了。这些地方应该一致。

第九页,中山舰事件结果怎样,没有交代。那时候蒋介石表面上也做了些让步,而我们也不懂有理、有利、有节的策略。

第十页,冯玉祥在南口,有的地方讲国民军,有的地方讲冯玉祥部,这里都要统一一下。

第十四页,国民党三中全会,我加了一些说明,为什么武汉方面会跟蒋介石发生矛盾。

第十六页,汪精卫在上海的态度不清楚。从海外回来,参加过蒋介石的谈话会,又去武汉,为什么这样,讲得不清楚。对中共五大的评论讲得还对。那时将蒋介石的叛变看成是民族资产阶级的叛变,稿中说可能导致工农如何如何。这里是讲历史,历史的叙述就不能讲"可能",实际上就是导致了这样的结果,不能用"可能"。当时也有局部的工人运动过火,问题主要在究竟是"左",还是右?当时主要还是右。把小资产阶级看成是可靠的联盟,这些是不是还要做点说明。(注:当时党内一种说法把蒋介石看作代表资产阶级,把汪精卫看成代表小资产阶级。四一二以后,认为资产阶级叛变了革命,小资产阶级还是可靠的盟友,对汪精卫要拉住。)"如果采取过左的行动",指的是什么?要做说明。已经到了 5 月份,离国共完全破裂只有一个多月了。

整体看来,第二章的改稿还是顺的。

第三章看了一部分,还有没有什么遗漏的地方?比如说讲上海的时候,文化运动、宋庆龄的话、民权保障大同盟。党虽然有"左"的错误,但还是讲了可以在三个条件下停战。冯雪峰恐怕也要提一下。

以后六天,胡绳在家看第三章和第四章。他在 28 日(星期日)日记中写道:"全日在家,把抗日战争重要修改及待修改处重看一遍。"4 月 29 日,上玉泉山谈第三章(十年内战)和第四章(抗日战争)的修改稿。

胡绳:这两章比前面的稿子要差一些,特别是抗日战争,是照本宣科,但架子还可以。第三章的问题比较少,改过的就不说了。有几个问题不算具体问题,算次要问题。比如讲苏维埃,到第十八页对它做个说明好像太晚,因为前面已经提到在海陆丰建立苏维埃,这里文字上要调整一下。井冈山到古田会议这部分,叙述上有些不太清楚,比如第十六页讲到八月失败以后,主力返回,又打了几个胜仗;后面讲根据地创造了许多新的经验,所讲的不单是八月失败以后的事情，是整个井冈山时期的。如回顾到宁冈成立苏维埃，现在放在八月失败以后讲，这些地方调整一下，把它理得更清楚一些。这部分实际上是两小段，井冈山是一段，建立赣南、闽西的中央根据地是一段。现在写得有点乱，需要调整一下。

第二个问题比较大、没有写好的，是第四十一到四十二页国民党地区的斗争。30年代前期，现在加了一些，好像只讲文化也不行。还有些其他工作，如宋庆龄的民权保障同盟；讲文化，鲁迅是代表，接着要讲邹韬奋；文艺创作要不要讲？左翼怎么说？巴金是进步的，但不一定是左翼，老舍也不好说是左翼。列举左翼的作品不要一件一件具体去讲。要讲党怎么活动的，政策有什么变化。对翻译马恩的著作没有查，30年代以前可能还有更早的。工人运动"左"，受到很多破坏，但上层还有很多统一战线活动。左联之前搞了一些很"左"的东西，所以鲁迅在成立大会上提出了批评。这些可以写得概括一些，广泛一些。特别要着重说到跟党中央失去联系以后，有些共产党员还成立了组织，在那里打开局面，不是过去那种"左"的办法，而是联系党外的进步力量。在这里应该提到邹韬奋。文艺界，1933年周扬创办的《文学》月报出了八期就被封掉了。后来各方面去打开局面，许多报刊实际上是统一战线性质的。比如说傅东华编《文学》、陈望道编《太白》、薛暮桥编《中国农村》,这些刊物是左翼的。胡愈之是秘密党员。还有许多人不是党员,像千家驹、孙晓村都不是那么剑拔弩张的。柳湜、艾思奇不知道那个时候跟党有没有联系。1935年我到上海,柳湜也跟文总、跟乔木等有联系。在电影方面,也逐渐打破了"左"的倾向,这个也要讲讲。

进步的不一定是左翼的。真正的左翼作家,稿中只提了阳翰笙,那还不如一个不提。30年代在失去党的联系的时候,不能不自力更生,反而能适应客观环境的需要来打开局面。一方面又引起一些问题。左联实际上是打开了一点统一战线的局面,1933年左派自己没有办法出刊物,《文学》月报只好靠傅东华,也团结了许多进步作家。反教条主义没有自觉地意识到,但实际上是做了一些工作。

在1931年以前,要就是翻译,要就是大论文,还有些秘密的宣传品,很少群众喜闻乐见的通俗化的作品,后来慢慢展开了。艾思奇先是在《申报》上帮李公朴搞读者问答,回答读者实际生活中的问题,介绍些革命知识,是有些启蒙的思想。这个特点保持到读书生活出版社,出版了《大众哲学》。要把这种状况描绘一下。总的讲没有受"左"倾的束缚,比较注意统一战线,比较深入群众,工作做得更多一些。

对王明"左"倾路线没有一个比较概括又强烈地说出是什么错误的说法。立三路线反而讲得集中,王明路线讲得是散的。四中全会王明为什么能够上台？这些"左"的领导人不是批评"左"，而是批评右。另外，中间派是个很大的问题，稿中只是一句带过。临时中央不能适应九一八后的新情况，毛主席写了九篇驳"左"倾机会主义的文章。以后，政治战线上"左"的形态更完备，在后面要说一点。

反正事情很多，也漏掉了不少，比如北上抗日先遣队，寻淮洲（注：红七军团军团长，粟裕是参谋长）、方志敏牺牲得很壮烈。另外如宁都起义、1933年1至6月又重申"三个条件底下的合作抗日"，还有没涉及肃反扩大化，联系到党内的惩办主义，受到惩办的傅柏翠这个人当年在闽西根据地是非常重要的一个领导人，同邓子恢、张鼎丞在一起，要提一下。

第三章事情比较复杂，大体上还可以。

第四章抗日战争，看起来特别吃力。第七页，抗战开始时的两条路线，现在的写法不行：说国民党的目的是要继续维持它的统治，而共产党的目的是建设新中国。这样写，好像一开始就在争抗战胜利以后怎么样。当时还没有产生胜利以后怎么样的问题。不能写成抗战一开始就考虑将来是谁的天下。国民党也不能简单地说是这个问题，它首先是考虑在抗战中怎样不损害它的利益。我们对抗战以后怎么样，是次要的问题。如《论持久战》也只是提到要建立一个自由平等的新中国。在抗战初期是不可能争这个问题的。

抗战刚开始时,最重要的是怎么打败日本。只能说按照你们(国民党)这一套,中国在抗战中就要失败;按照我们(共产党)的这一套主张才能胜利。到《新民主主义论》发表时才提出抗战以后怎么样,到1944年至1945年这才成为现实的问题。国民党也是抗日的,它关心的是抗日不要损害它的地位,并且在抗战胜利后能够继续它的统治。共产党考虑的是怎样打败日本侵略者,而只有真正发动人民才能打败日本侵略者。对于发动民众,两个党的态度是显然不同的。当时党的对策也不是回答将来怎么样,而是照你那一套做就打败不了日本。整个事实不是那样的。我在稿上改了一下,看看怎么样?那样说是不行的。

持久战有一个问题没有交代,就是正规战跟游击战、持久战和速胜的关系怎么样。第十页讲到将游击战提高到战略地位,可以联系起来考虑。现在写的这一段不大好懂。

抗日战争中间发些什么议论?现在的稿子缺少些历史的联系。抗战时,党成熟了,总结了经验,要联系到过去的经验教训发挥一下,我加了一点。王明为什么从"左"到右,写得不太清楚,我也改写了一点,可能啰唆一些。

皖南事变,加了一段。当时有些人觉得四一二政变又要开始了,国共两党要分裂了。为什么那时和四一二政变时不同？因为抗战时大敌当前，另外国共力量的对比也和过去不同。更重要的是党成熟了，不是一味退让，也不是铤而走险，而是有理、有利、有节地斗争。这种对比可以给人以前后历史关联的感觉。皖南事变时，我也以为是非打不可了。

还有一个考虑得比较多的问题是王明路线。1938年3月政治局会议以后任弼时到苏联，实际上是去"告御状"，讲了王明的表现。这个没有必要讲得太详细，概括说几句就可以了。经过任弼时向国际报告，国际比较多地了解情况后，表示赞成毛泽东。这对中共党内克服右倾是有利的。后来又觉得整风中间整王明太厉害了。不要给人的印象是"告御状"告准了，就战胜了王明。

讲减租减息，减到年利一分，讲得对吗？要查证一下。

第三十四页，新民主主义的提出很重要，对党内也是总结了历史经验。过去一直在民主革命和社会主义革命这两个阶段上混淆不清。民主革命胜利以后怎么样？那时候听博古讲要走非资本主义的前途。但这个概念不清楚。非资本主义是否就是社会主义？这时，提出新民主主义。这是一个很重要的前进，不仅打击了国民党的政治进攻，而且把党内历来没有搞清楚的问题搞清楚了。

第三十五页皖南事变部分加了一些话，王明的右倾也得联系历史来讲。

下面比较麻烦的问题是第五十四页讲联合政府。这以前只是民主运动,湘桂大撤退后就提出民主联合政府。为什么提出这个主张,现在写的三条理由好像不大行。为什么要废除一党专政?为什么要实行联合政府?联合政府还是以国民党为主的,但不要一党专政,这个问题很简单。为什么还要跟国民党、蒋介石合作?在某种程度上,它还是主要的力量。这里冒出一句"拉蒋抗日的方针",有过"拉蒋抗日"这个提法吗?我把它删掉了。答复这个问题,有点复杂。在这个基础上,是改良主义的,不能撇开国民政府,抗日还在进行,绝不可能撇开蒋介石,赶上国民党在湘桂大撤退后正处于一个危机状态。抗战胜利,以后开政协,有和平民主新阶段,这些也都是妥协。国民党一党政府成了共产党、民主党派都有份,当然是个大进步。不要国民党那是不可能的事。共产党力量还小,只好承认它是中央政府,这样做是有利于抗日的。联合政府还有个争取抗日胜利的问题。

抗战初,主要的问题是如何争取胜利,能不能胜利。如果那时有人讲抗日以后怎么样,老百姓也不会听你的。这个时候是要准备抗战胜利。有人问:湘桂大撤退以后,为什么还要蒋介石、国民党?如果这样提问题,反而有点奇怪了。可以解释一下这个时候为什么要提出实行联合政府。如果共产党、民主党派能参加政府,当然对抗战胜利有利，也对以后有利。

整风运动这一节写得不好，初稿基础不好。首先不是因为党发展了几十万新党员，不是这个问题（注：整风文件中有过这样的说法）。要讲一下，也要联系历史。要说明党的思想建设的重要性。它不是抽象的，需要通过总结历史经验，这才找到一个整风的形式。过去对错误领导人只用组织处理，那就是"残酷斗争，无情打击"。这时找到了一个好的办法：总结过去的错误，来统一认识。这需要通过整风来解决。当然也可以提到新党员多，但问题主要不是在这里。还有一个条件，是有了一个相对稳定的环境。整风是为了实现马克思主义基本原理同中国革命具体实践相结合，这话要做一点分析。理论和实际的正确结合最集中地体现在毛主席的著作中。要给马克思主义的基本原理同中国革命实际相结合命一个名，就提出了毛泽东思想。中国的抗日战争在东方历史上是空前的，在世界历史上是伟大的。现在常常只讲历史观点，不大讲史笔，结果只是把一堆正确的概念堆在一起。

讲抗日战争，总结完了，再讲一段复杂的国内形势做结束。这一段放在总结后面去了。9月2日，日本投降签字。我用简单的办法，另起一段。它不是向共产党投降，是向整个盟国投降。雅尔塔会议要不要写？写了读者还是不懂，更详细地讲就麻烦了。抗日战争的结果，国民党没有完全掌握局势，我们也没有完全掌握局势。这同雅尔塔会议、中苏关系，没有什么关系。美国军队帮助蒋介石同这有点关系。但不一定需要说抗日战争是在复杂的国际形势下解决的，这样势必要讲美苏的问题，就复杂了。这本书只要讲解放军的反攻，美国帮助国民党运兵，蒋介石的几道命令，这是直接的关系，联不上什么雅尔塔会议。（注：原稿讲雅尔塔会议对战后局势的影响写了很多，胡绳删了不少。）

随后，他又谈到第一章。

第一章又看了一遍，大体上顺的。本来觉得有些地方还可以简练些。现在看来，三万字还不够。

坚持统一战线，独立自主，缺少论证。翻来覆去说要坚持独立自主，可以联系历史事实谈。这不是新的问题，大革命的时候也提出过这个问题。这里是否又重新提了？这时确实不同，要讲出理由来。两党的第二次合作没有形成一个纲领，也没有一个固定的形式。这是事实。蒋介石不愿意这样做。道理要通过比较才能提高，要跟历史比较。共产党在抗战时怎样处理统一战线和独立自主的关系，是对第一次、第二次国内革命战争时期历史经验的总结，这样才有些话讲。

不独立自主就是投降主义,光这样讲不行。篇幅不一定多,可以删掉一点,但是要用一两段话把它讲清楚。毛主席有一些精辟的语言稿中倒不大用,比如说不能把共产党降低到国民党的水平,还是要努力把国民党提高到共产党的水平。

中间派的问题,经常要注意说清楚。王明右倾,同样有一个轻视中间派的问题。他认为这些中间派是三人成党、五人成派,能有什么作用,还是国民党重要。所以只看重国民党,不将中间派放在眼里,不知道通过它们可以把很大部分中间力量团结过来。要斗的话,一个是自己要有力量,二是要争取中间势力。农民中有时候中农起决定作用。王明在"左"和右两个时期,都不懂这个问题。

第三章一开始就讲中间派,讲得也不太够。王明"左"的时期把中间派当作敌人,要略微展开一点讲,读者才有印象。九一八以后,中间派动起来了,"左"的领导人还要把它批一通,连秘密党员胡愈之也被批一通。稿中有一些话打了引号,比如施洋高呼三声口号,这不需要引出处,改成叙述就可以了。安源路矿需要说明是怎么回事,开滦煤矿直接写开滦煤矿就可以了。抗日战争的损失,写的数字同乔木写的不大一样,也要注意。牺牲多少人很难算的。

这次谈话的后一天,4月30日,龚育之将第六章改稿送胡绳。胡绳在这天日记中写道:"读老龚写第六章前三节,又看何理作《人民共和国史》,竟日在家。"5月1日日记:"竟日在家,把龚写文再看一次,清理积压文件资料。"3日日记:"上午到玉泉山谈龚写第六章前三节,作了部署,仍有按期完成之可能。"

胡绳: 解放初的这三节写得挺好的,还是有些特点。我做了一些文字的修改,个别的地方删了一些。

稿上说,苏联当时的领导人对中国在政治上还不无疑虑。这个问题怎么写?有的书写了一大段,我们不能这样写,也可以考虑不写。写了,还要前后照顾:这种疑虑后来是发展了还是消除了?几句话说不清,现在先留着。是什么疑虑呢?中国革命的胜利超出了苏联的意料之外,对新中国在支持中还有点疑虑。光说一句"不无疑虑",不清楚。联系到抗美援朝,中央考虑过,在空军没有得到援助的情况下要不要出兵。本来苏联答应要给予空军支持的,后来又不同意它的空军飞过鸭绿江。这些事情要说清楚。又比如说抗美援朝以后苏联对中国的态度发生了什么积极的变化,也要讲清楚。

《当代中国外交》这本书可以看看,外交部的材料可能准确一些。写到同各国建立外交关系时,也有不经过谈判建交的,一个是印度尼西亚,一个是芬兰。印尼是新建的国家，同蒋介石政府没有外交关系；芬兰那时没有参加联合国，同国民党也没有外交关系。而原来同蒋介石政府有外交关系的缅甸、印度，都是经过谈判后建交的。这里还要交代一下英国要跟中国建交，但是它在联合国对新中国席位的合法权利投弃权票，另外还有香港问题、国民党政权的财产问题等因素，所以没有立刻建立大使级的外交关系。

上海6月10日还是军管会，没有成立人民政府。七届三中全会提出的八项工作，不必一项一项列举。有的是长期性的。有的在朝鲜战争后改变了，如缩减军队。土地改革原来就说了，这里不必再提了。说接管官僚资本是国营经济的主要来源，不一定，还有解放区的工业，有东北接收的敌伪重工业。

朝鲜战争发生后，毛主席说了亚洲的事应该由亚洲人自己来管。要强调美国已经开始针对中国了，不但北朝鲜受到压力，战火已经烧到中国边境。现在的稿子讲力求把战场限制在朝鲜境内，应该着重讲自卫的必要性，能够打。在宣传教育上，大力反对"崇美""恐美""亲美"思想要提一下。

第二十一页从统筹全局出发，《毛文稿》可不可以不用引号。要准备和外国做生意，不但在这个时候说，在《人民民主专政》一文中也讲过。国际之间，朋友和敌人都在注视着我们。

"包下来"的政策，稿中没有提一下。要打碎旧的国家机器，但旧的人员包下来了，这点要提一句。

因为第六章的改稿刚送来三节，所以这天胡绳又讲了第三章。

土地革命、统一战线、中间派问题。大革命失败后，搞了土地革命，把统一战线丢了，从领导思想上，主要是从李立三到王明，强调武装斗争来解决问题。但这样说不等于在统一战线方面没有做任何工作。这个问题不说清楚，容易理解成对中间派整个都是排斥。打倒帝国主义，严格地讲这个提法不很科学。你打不倒帝国主义，主要是推翻帝国主义在中国的统治。找到一条农村包围城市、武装夺取政权的道路，要谈一下"左"倾的问题，要彻底地批，也要说明"左"的方针不是能够控制所有人的。因为它违反了客观规律，而事情得按照客观规律的逻辑来进行。有些党组织自发地按照客观规律办事，张闻天很早就发表在文化方面要反"左"的文章。客观事实使得有些地方党组织对工作做了一些局部的调整，虽然没有彻底把路线问题弄清楚，但有些人已经开始这样做了。1933年以后，在国统区有些工作反而是发展了，那里中央的领导实际上已经领导不了了。1935年我到上海参加世界语的活动，当时乔木是文委的负责人，第一次来和我接头，结果大部分时间谈了音韵学。

农村包围城市，要把过去的农民战争同这时的农民战争区别开来。以前是旧式的，那么怎么是新式的？苏联、共产国际不懂这个道理。当然，农民也有它的弱点。但当时只能走这条路，政策稍微有点偏就发生问题。

沙健孙：农村包围城市有四个问题要解决：一、农村中如何建设党；二、如何建设新式的人民军队；三、如何打仗；四、土地改革。这样，农村包围城市的问题才能走通。马列主义普遍原理就同中国实际结合起来了。

胡绳：一是过去没有解决过的旧式农民战争问题，一是搞民粹主义，这个问题怎么解释？

龚育之：毛主席给博古的一封信，收入《毛泽东书信集》里，就讲到我们同民粹主义的不同。我们要在工业上建立大机器生产，不能建立在小农生产的基础上。

胡绳：郑超麟本来认为到农村去就会失败，不会成为无产阶级的政党，农民怎么能胜利呢？不要因为那个时候党的领导"左"倾，就把整个写成一片黑暗。它要打倒国民党是对的，"左"，也还是革命的。

十年内战时期还有个问题，就是跟资产阶级的关系怎么写。1931年以后有个变化，有革命和改良的问题。党考虑过很多和改良主义倾向的人合作的问题，比如胡适的实用主义也可以合作。这里发生一个问题：就是说革命和改良是可以合作的。现在在认识上慢慢翻了这个案。统一战线主要是对中间派，但确实也有斗争。改良主义者是要联合的，但如果他们用改良来反对革命，那不可避免地要批驳它。单靠教育就可以救国？不斗争也不行。对中间派不是只斗争不团结，也不是只团结不斗争，比如说胡适那时是批评蒋介石的，我们就缺少考虑。但如果主张解决中国问题就靠改良、靠教育，那也不能不进行斗争。斗争应该是有理、有利、有节的。抗战爆发以后，抓住了抗日这个问题。中间派对蒋介石的不满意也越来越深，我们也要好好地发展工业，共同的方面就多了。

改组派也是敌人营垒的一种分裂，它的内部矛盾是可以利用的。而以往我们一般只是批判。但又不能说一切改良主义都是正确的。美国有个经济学家说计划经济不能完全否定，他认为把自由经济神化了。

国民党最大的内战是国民党内部各派势力自己在打，他们还说这十年是黄金时代。抗日倒是黄金时代。抗战前那十年里，你们自己打内战，各种自然灾害也没办法解决，帝国主义国家的工业发展比过去多得多。民族独立的问题，民生的问题，你一个问题都没有解决。你的黄金时代也是在抗日时期。这以前,它自己打内战,派系斗争那么厉害。如果没有共产党,它的内战可能还要多,因为要"剿共",还有个共同的目标,还利用它把贵州收拾掉了。如果没有共产党,它们的内战一定更多。算一下,四川恐怕在共产党进去以后,它们间的内战还少一点。它怎么能搞什么建设?统一的任务还没有完成,张学良东北易帜是帮了它的大忙。

一种错误如果没有被真正认识,就不可避免地在另外的条件下会以这种或那种形式重新出现,甚至进一步发展。事实上,统一战线问题一直是在国际共产主义运动中的主要问题之一。无产阶级的革命力量越是壮大,就越有可能根据客观需要联合可以联合的各种社会力量,其中包括某些资产阶级的力量。但是,资产阶级因为用强力压不倒无产阶级革命力量,也可能转而企图采取某种统一战线的策略,来削弱和控制无产阶级革命力量。所以,在这种情况下,无产阶级越有必要警惕自己队伍内部的右倾的迁就主义和投降主义倾向。

这以后几天,胡绳5月5日日记:"看了《七十年》第二章(经金冲及改过之定稿)一半。"7日日记:"看改完《七十年》第二章,并给金冲及一信。"遗憾的是,这封信当时没有留心保存下来,内容也不记得了,大概是讲第二章大致可以了。10日日记:"金冲及送来他改好的第五章稿,即动手看一下午。"11日日记:"续看第五章。"12日日记:"续看第五章完,又匆匆看了图片集说明。"5月13日,到玉泉山讲对第五章解放战争的意见。

胡绳:第五章没有多少话要说了,改了一些。和平民主新阶段写得比较妥当。有些语言可以考虑,比如"经过同国民党合作,经过迂回曲折的道路,最后达到目的"。也可以说共产党并没有自己的目的。还是改为按照人民的意愿向前发展。人民的利益就是共产党的利益。这样的语言好一点。

还有李公朴、闻一多被暗杀,现在放在1947年里来倒述,应该写在前面。1946年6月底国民党发动全面内战,到7月就发生了李公朴、闻一多惨案。这恰好证明国民党不光是对付共产党,也是对付和平民主人士。内战的爆发同它这样联系,不是勉强的。还有一个问题,就是国民党对沦陷区的接收,没有任何的交代。1946年上半年写得太简单。第三节一开头要加一段,说到接收成了"劫收"。6月对中原解放区打起来以前,大体上是休战的。国民党政府在接收声中,于1946年5月还都南京。跟国民党在重庆谈判的周恩来等这时也到南京、上海谈判,这个要讲一下。它表面上停战,实际上在布置内战,沦陷区要消化,要调兵到东北，但内战的危机严重。所以第二节最后一段内容，可以放在第三节的前面。全面内战发生前，要有一段讲国民党接收、还都、美国人帮着运兵、人民呼吁和平，战争危机酝酿成熟。其他个别地方改了一下，大体还顺。类似的语言问题，比如说有时不需要连接词，如"同时"等，读起来反而不简练。讲军事，有些术语，比如"打援"要说得清楚一点。还有一个分节的问题。长的可以分段。如重庆谈判和政协可以分开，三大决战也可以分开。

就在这一天（5月13日），胡绳在日记中写道："到玉泉山谈第五章。育之写第六章交稿。饭后看郑惠写'党史'上册结束语。后回家。"14日日记："在家看育之搞的第六章（前已看过此章的首三节），甚为流畅，读之□意，很高兴。"15日日记："读完第六章，又重读，作了数处修改。"16日日记："上午搞完第六章。"这样，他的工作重点就转到新中国成立以后的历史。

5月28日，胡绳在玉泉山谈了反右派斗争和"文化大革命"中的一些问题。

胡绳： 1957年的反右，也不只是一个人的问题。那个时候，社会主义刚刚搞，知识分子中就那么清楚？他们也在根据过去的经验探索中国的前途,有各种各样的议论。这里要分两层来讲:一种是政治上反动,一种是思想上搞不清楚。社会主义制度刚开始,知识分子和青年就弄清楚了?有些人在思考中提出些问题来。本来应该引导,反而受到打击。右派都是最高明的?那也不对。很多人是在思考问题,又没有实践经验,不同程度上又受到资产阶级的影响,说了些错话。现在想起来是很自然的。那个时候,没有将思想问题和政治问题分开。说他们所有人都没有错误也不对。有的人本来有点问题,像林希翎就越走越远,走向资产阶级自由化。有的人那时候也许是认识问题。有的人改正了,也许倒是很好的人,但也不一定证明当时他们是完全正确的。有些人根本说不上是什么错误,不过是对机关领导提了些意见,就被上纲上线,说成是反党。有的人说了些苏联的坏话,在东北抢机器,这是事实。有些是思想认识上有错误。还有很少数是政治上的进攻。真正反党反社会主义的是极少数人,但影响了很多人一起跑。当然也可能最后只剩下几个右派,但说根本没有,那也不能这么说。政治上有错误,也有各种处理办法,不一定都是惩罚性的。后来没有分清各种界限。王蒙写的《组织部新来的年轻人》,毛主席说这是反官僚主义,后来不知为什么把他打成"右派",就不好了。

"文革"中,毛主席的出发点不能说完全错,但真理夸大了一步就变成谬误，何况远不止一步。他说要亡党亡国，完全说是危言耸听也不行，但是整个做法是完全错误的。有些理论上的错误比较明显，但是说他完全否认要发展生产力，那也不是。他也要搞得国富民强，但认为只要把上层建筑搞好了就可以。说抓革命，促生产，也不能说错。但是说只靠政治思想工作这一条，有了人的积极性，就可以化为生产力，就不对了。庄则栋讲过前一阵子在胡闹，比赛乒乓球，先下乡向群众学习，提高政治思想觉悟，这完全是错的。体育也需要讲政治，政治是促使他加紧练球，不练球怎么拿金牌？那样讲，理论上可笑。那几年科技不搞，教育停顿，以为政治一搞，企业、工厂不冒烟不要紧，政治一搞好生产马上就上去了，哪有这么回事？社会科学不能成为第一生产力，但对生产是能起作用的。（注：科学技术是第一生产力，社会科学是上层建筑。）还是要努力做好本位工作，才可能转化为生产力。哲学怎么能一下子转化为生产力？但它又确实可以起作用，要经过几个曲折，影响人的精神面貌，成为政治动力，只靠物质刺激也不行。所以开始时提政治要落实在业务上，这是对的。思想革命化的目的是什么？光有目的还不行，还要有许多具体措施才行。

"文化大革命"的过程少说一点，但基本理论要说出些什么来，要驳毛主席发动"文革"都是为了争权夺利，他还是真心实意地想把中国搞好,也没有像四大家族那样在中间得到个人利益,发国难财。

那个时候上层建筑乱了,农业没有乱,农业比较稳。有些人说1960年至1966年以后,毛泽东思想完全是封建思想支配,这是胡说。毛泽东思想那时也有两面,一面是"左"的,发展到"文化大革命";一面也有一些正确的,为十一届三中全会做了些伏笔。

后面的曲折,一个党不可能那样纯,总有各种各样的分子。一搞群众自发,必然会冒出一些流氓分子来,王洪文至少是个代表。党内就那么纯吗?"二挺"也是这种人。你一放,搞苏联式的"公开化",什么流氓分子都出来了。我们闹革命也是这样,刚入党时已成为真正共产主义者的有多少?在入党后一步步提高思想觉悟。有个党组织,革命就动起来了。我们这个社会,渣滓相当多,如果动乱再延长,你看看。

胡绳还讲了一个问题:

布什主张给我们最惠国待遇,有一个理由说:可以促成和平演变。和平演变是个大问题。我们的策略是:他搞和平演变,搞没有硝烟的战争,比有硝烟的战争还好一点。但要打这一仗(注:指反对和平演变),群众中有两种疑问:一、如果早知道还有和平演变,我们为什么对改善中美关系这样热心?二、原以为尼克松是好朋友,现在一看,他还鼓吹什么无硝烟的战争。这里有很复杂的问题,中国成了重点,他怎么办?一是恢复禁运,一是搞和平演变。我们说你还是第二个比较好。他从根本上是要促成你变化。中美关系好转,还是复交,是转入和平斗争。问题在于我们自己要清醒,要看到事情的两面。怎么适当地说?不然青年搞不清楚。

昨天我请美国人吃饭,我说:你们处理"最惠国待遇",是用长远眼光看问题。他们说:学者赞成,政治家不赞成。我说:你们有些国会议员,既不是政治家,也不是学者。美国人哈哈大笑,说他们要看选民情绪,为了选票。我说:舆论导向造成选民情绪,他又要适应选民情绪。现在看来"最惠国待遇"他还要给,中国态度硬了不见得活不下去。一顶,他会给,只好无条件地给。证明在他们看来,断了不好,不利于同中国联系。这也是一条重要利益,即使为了和平演变也不能搞坏。当然还有个世界格局问题。

第九章,我看了一下,觉得要我提意见,也说不出个意见来,到底怎么写也没想清楚。我已将第一、二节理出来了:两年徘徊,三中全会。我感到原来写两年徘徊时,这段时间内做的正面的事都写到这以后去了。实践是检验真理唯一标准的讨论,和小平同志讲话合在一起写好些。

但逻辑上,这两年着重写什么?原稿主要是讲重点转移,应该提端正思想路线,解放思想,这是主要问题。解决了这个问题,重点转移才真正转得过来。华国锋在十一大的讲话,对动员社会主义现代化建设起了积极作用。他讲清理林彪、"四人帮"的工作都已结束,工作重点可以转移。其实不只是这个,如果没解决思想路线问题,要转也转不过来。华国锋虽然谈了现代化建设的任务,但还在讲"无产阶级专政下继续革命"这些。他说阶级斗争的暴风骤雨已经过去,用毛主席的话来说,这可以,但还是肯定前一时期应该着重搞阶级斗争,只是现在应该转过来,其实是搞错了。只有从端正思想路线出发,才能真正实现重点转移。为了发展生产力,而改革不适合生产力发展的生产关系和上层建筑,不是为革命而革命。下放权力,很重要的是动员群众起来搞建设。这一切都围绕着建设。原稿没有个逻辑,看不出是解决了什么问题。

两年徘徊,到三中全会确定了改革开放,后面怎么写?现在的写法是分三部分:一是到十二大以前,然后到十三大,再讲十三届四中全会以后。还要讲外交。最后总结多少年来的成绩,展望未来。这个框架至少还可以,大概是这么个格局。我想也没有别的办法,可以就分这几段。困难的是我们对后面的资料掌握得少:讲到十二大还有,十三大以前的就不多，1987年以后的还没有人系统地研究过。还有一种办法：三中全会以来综合成几个方面写，那样写可能更难，不好办。写《建国以来若干重大历史问题的决议》时，这一段的时间还短，是否可以按它的路子写？包括"当代中国丛书"也没写到1986年以后。散见的论文还有一些。前面讲的那个框架，对外关系和祖国统一大业的推进单独写一段，写得简括一些。这种写法，以前也有先例。

不拨乱反正，思想僵化就转不过来，三中全会后将全面拨乱反正与总结历史经验，分三节：调整国民经济；改革开放，调整政治，中间加一段文化教育。1982年前这部分好办些，不那么难。"历史决议"当然要讲。"历史决议"前还有叶帅报告、小平同志提出坚持四项基本原则。原稿上说三中全会"断然放弃"以阶级斗争为纲的提法，当时好像没有那么明确，公报上没有提。

龚育之：可以讲"停止使用"。

胡绳：第九章怎么办？我搞了两节，再动手什么时候能完？大家再分担分担。初稿讲经济时是一篇账单。胡、赵怎么讲？胡如何，赵的问题更严重。十一届三中全会后有了第二代领导核心，核心是小平同志。中国共产党多少年一直没有形成稳定的领导集体和核心，遵义会议后才有了第一代稳定的领导核心。

写两年徘徊时,没有讲到恢复人大、政协的活动。放在两年徘徊中也不大好写,可以在讲政治调整时追溯一下。

我建议,第三节沙健孙动动。现在一万三千字,不能这么多,八千字也许可以,否则琐碎了。你搞第三节,我再考虑第四节。胡、赵下来,不是路线有什么变化,不是了不起的大事。胡还是在政治局内。

胡绳6月10日日记:"看完了'抗日战争'一章校样。"11日日记:"看第九章后五节,比预期的好。'抗日战争'送冲及,又收到'解放战争'章。"6月13日,胡绳到玉泉山,讲了话,着重是谈第九章的问题。

胡绳:第五章看了一遍,基本上行了。

第九章有点麻烦。抽时间看了后面的稿子。它分八节,第一、二节我改写了。第三节请沙健孙改了。第四节以后望了一下,出乎意外,比前面的好,甚至比第三节好,概括些,还可以。第三节讲到十二大以前。第四节讲到十三大以前,耀邦同志那一段。第五节,十三大以后到动乱,赵紫阳。第六节,十三届四中全会以后,江泽民。按时间写还可以。第七节,对外关系。第八节,四十年来成就。

缺点是有些地方会议讲得太多,好像尽在宣布很多决定，提出什么要求和主张，没有逻辑。到底你做得怎么样？不是只在讲要怎么做。有些地方文章改变改变，如说会议要求做五件事，不如说根据这次会议的要求做了五件什么事。十一届三中全会当然只能那样写，因为关系太重大。后面麻烦，还是概括些好。

在这一天（5月28日）的日记中，胡绳写道："到玉泉山，育之（第七章）、郑惠（第八章）均未得一字，定下月10日、15日交稿。冲及交出排好的第三章改稿，下午回来后，读之尽半。"

因为人民共和国史部分的第七、八章还没有交给胡绳，他便调整了自己的安排：第一段是看改刚拿到的第三章。5月29日日记："在家续看改第三章，有些地方，冲及新加。"30日日记："一天在家，搞完了第三章。"第二段开始动手写第九章"开创社会主义现代化建设的新局面"。31日日记写道："看老沙（注：指沙健孙）送来第九章草稿，动手改写其第一节，未完。"6月1日："第九章第一节又写了一些。"2日（星期日）："上午居然写完了一节，下午休息，散步到茂林商店。"3日："开始搞第二节（十一届三中），从设计到施工，居然得八页，大部分。"4日："在家里搞完第二节，但第三节以下较困难，不知如何搞法。"6日："到玉泉山，冲及不在，把第九章三节交沙搞。"

6月6日，胡绳在玉泉山讲话，主要是讲第九章。我那天不在山上，所以记录是向别人抄的，为什么不在山上？向谁补抄的，都记不清了。

胡绳：前面一、二、三章看过了；第四章看了一部分，比过去改得好多了；第五章还会改；第六章基本上可以了。现在是第七、八、九章的问题了。

外交写得很概括，从中美关系到中苏关系，到江泽民访苏，几句话就说掉了，缺少一点议论。最后一节讲四十年的成绩，还可以，但思想少一些，当然摆数字也需要，可以做基础，再加点论说，谁来动手？

精神文明问题，原稿说耀邦同志没抓好，赵紫阳不抓，但没有什么分析。当时，党内对这个问题的思想准备不够，甚至不只是哪一个人的问题，实际上它联系到许多问题，没有配套。胡启立对这些要负责，没有措施。要反对哪些？解决哪些问题？光喊，没有措施，包括知识分子政策的落实、教育工作等，一直到反对资产阶级自由化，反对黄色的东西，几乎没有具体地提出什么有力的措施，或者没有坚持下去。十三届四中全会后，我对胡启立谈过这个问题，他说意识形态工作很重要，但是仍没有真正管。本来叫宣传工作领导小组,他接受了意见,改叫思想宣传工作领导小组。对意识形态工作,耀邦也是即兴讲话。李洪林说现在是在打棍子。耀邦说还不过是拿棍子在头上晃一晃。到底怎么做?不打棍子,该用什么办法?

经济工作上两次过热,特别是在赵紫阳时候,甚至把农业挤掉。耀邦也有两个问题,一个是经济工作上过急,一个是"一手软一手硬"。怎么造成的?不能只归一个人,缺少点分析。华国锋也提过要开放,不要故步自封,要从外国引进,但冒了。对当时的引进,要两面说,说得恰当。这话毛主席说过,所以华国锋敢做。

"一手软一手硬",经济工作过热,已经好多年了。过去经济工作没有经验,现在有了些经验。抓意识形态工作也缺乏经验,采取措施少。知识分子问题仍是个大问题。建国以后就没有解决好。影响意识形态的,有的不全是意识形态工作能解决的,要全党都来注意,不能光号召,要大家都来发挥作用。对思想工作,毛主席的办法一直是搞运动,还有就是社会主义生产关系纯化,搞不成,就来个"四清",结果反过来,成了新问题。某种意义上,50年代的社会比较单纯。知识分子当时思想改造是有效的,但中间的确有问题。经济工作上发生的矛盾:权力必须下放,要搞市场经济,那么计划和市场如何结合?我们某些方面的经济管理工作不如日本，而它是资本主义的。许多事是从下面来的，楼堂馆所的建设怎么控制？底下他有钱，一大片房子就盖起来了。一个县就这样。

社会主义初级阶段，社会主义要向资本主义国家学习许多东西。过去是割断的，现在又发生了什么问题，解决了什么问题，理论上思想上没有完全弄清楚。例如保险制度，是有社会主义因素的。只要同资本主义割断，就可以为我所用。集中社会的财力来救济一个单位或个人的困难。如果没有这个，就什么都要靠国家解决。现在把各方面的力量凑起来解决，这实在是个很好的制度。这是非常适合社会主义的东西，全社会性的。前几年我写了个稿子：为什么要向资本主义学习。后来一想不行，它还有另外一面，就没有发。又要学习，又要付出一些代价，要有准备。没有后面这一点也不行。对和平演变要抵制。国外有人说你反对也反对不了，因为他们必然要搞和平演变，而且无孔不入。我们要准备有一部分给它变过去，等于生产总要有损耗一样，只要不是一百个里有大半变过去就行。最初对开放中会出现这么些问题估计不够，也不可能一下子都估计到，只能慢慢认识。商品经济要发达，但不能一切都按市场的办法来办。国外出版书，有些专门著作有基金补助，也不是什么都按商品规律办。刘绍棠就说：茅盾的《腐蚀》重印时，书店里只订了八本，而一种《黄花闺女》却订了三万本。

6月13日，胡绳日记："到玉泉山，约定九章三、四节由沙，五、六节金，七、八节胡，并拟约王梦奎参加，但尚未与袁木联系上。下午四时回。"

王梦奎当时担任国务院研究室副主任，参加起草每年的《政府工作报告》，所以"拟约"他"参加"。袁木，当时担任国务院研究室主任，要王梦奎参加需要同他商量。

后来，王梦奎在《领导·老师·"同学"》一文中写道："90年代初，胡绳同志主编《中国共产党的七十年》，临时要我参加部分章节的修改和写作，在他领导下工作不长时间。胡绳同志为这部新时期最有影响、发行量最大的党史著作倾注了大量心血，不仅统改了全部书稿，还亲自动手写了部分书稿。"

这以后几天，根据胡绳日记，6月14日："看完第五章，至此《七十年》的前半部工作结束，开始考虑改写第九章外交关系一节，准备了些材料。"15日："下午开始用录音方法开始搞第九章外交关系一节。"16日（星期日）："一天在家，连续录音，到下午五时已几即全部完成，只差台湾一小段。七时半后又搞了一个小时，全文完。"22日："下午、晚上在家做了不少事——根据录音抄出的九章七节

（外交），改王朝美送来（建党七十周年）学术讨论会开幕词，改沙健孙改写的九章三节（改得不坏）。工作到夜 12 时。"

6 月 24 日，胡绳日记："到玉泉山，谈定 7 月 7 日为最后完成期，王梦奎亦到。"

胡绳：审查书，本来想谈谈重要的地方，但很难。民主革命什么是要害的地方？讲不出来。没有什么特别的话，共产国际也没有什么特别的话可说。总理、毛主席的文章都已经说过了。共产国际是值得认真研究的，我们只是一般地概括说说。改好了以后送给乔木他们，拟个报告送去。

长江局，总的说来，王明虽然有些干扰，比如说那时候公开化太厉害，湖北省委在武汉打着省委的旗上街游行，把公开工作和秘密工作混淆了。五战区就发生过这个问题，把地下党和统一战线组织混淆在一起。有一个秘密干部派去讲课，因为躲日本飞机轰炸的警报，结果党员登记表落到了李宗仁手里，只好赶快把这些党员疏散。李宗仁还把钱俊瑞等找去说：共产党为什么要赤化我们的政权？

社会主义时期是六、七、八、九章。新时期的外交先要讲一讲新时期的外交政策，政策调整的总设计师也是邓小平。然后要讲这个方针、政策表现在党的关系上。因为我们是写党史嘛，所以要讲各个党之间的关系。还有一节

"结论",只讲四十年的成就不够,还要讲这四十年的经验。要论述十多年改革开放的成就,是在过去三十年的基础上取得的,也接受了三十年的经验教训。对成就和错误的关系,我们犯过两次大错误(注:指"大跃进"和"文化大革命"),但也要总结前三十年的经验,不从这一点来鼓舞人,不行。不然闹了半天,只留下两次大错误。

民主革命呢,也是犯了两次大错误(注:指大革命的失败和第五次反"围剿"失败),得出了经验教训。《关于建国以来党的若干历史问题的决议》就是总结经验,然后取得了胜利。

第九章的要求是要说清楚这些年是怎么走过来的,做了些什么事儿。后面三段涉及整个经济改革,中间也有失误的地方。十二大以后,说不上是失误,但涉及两个总书记,写得概括一点,给人有个印象,是在曲折中不断前进。胡耀邦、赵紫阳也可以说是正常的人事调动,因为总的都在小平同志的核心下。

经济方面,也要写得概括些,使人看到一个清晰的头绪:它是怎么发展过来的,碰到什么问题,取得什么经验。原稿中可能具体的东西多了,要尽量概括一些。历史越是过去的事,越容易判断。很近的事情,多做判断,是有困难的。比较起来,还是用一种客观叙述的方式来说为好。

当然，总的讲是十年成绩超过了以往任何时期。缺点有些已有定论。这些也用描述性的方法来写：发生过什么失误，比如经济过热、忽视农业。

80年代的整党也是描述性地写，一般不做新的判断。这次整党，说是取得很大的成绩，达到了预期的目标，也不行。说完全失败了，也不好说。党是兴旺发达的。新民主主义革命时期，每一段都是要淘汰一些人。那时国民党特务机关里有相当一批是原来的共产党员。那个时候是国民党帮你淘汰。现在美国人也帮你淘汰一些，像严家其、许家屯那些人。历次整党都解决一些问题。以后就纯而又纯？没有那回事。我们写了很多革命烈士传。如果要写叛徒传，也可以写好几本。党内总是不断地有矛盾，矛盾永远存在。靠一次整党能都解决问题？

十三大以后，两个层次。理论上也不是一个人总结的。乔木批评过写党史只是大量引党的文件，要写党是怎么做的。（注：有一次我把国防大学姚旭讲的一段话告诉胡乔木。姚旭说现在写的党史中大量篇幅是中央领导人的讲话、文章和党的会议通过的文件，也是"文山会海"。乔木说：这是抓住了要害。读者不只是要了解共产党是怎么说的，更重要的是要了解共产党是怎么做的。）不好说十三大以后完全违背了党的路线方针，把十三大都冲掉了，也不是。

动乱以后,十三大那一些还是坚持下去的。十三大以后,有一个急于求成,还有"一手硬一手软"。这些在讲十三届四中全会以后还要叙述。过去,急于求成和"一手硬一手软"是毛病,中心转移是完全正确的,但碰到了新问题,领导的注意力容易倾向单打一,在实际工作中发生了问题。但总的说,党是总结了过去的经验教训,这些问题不能跟"大跃进""文化大革命"比,成绩还是要说,的确总结了经验教训,有了一整套路线方针政策,执行中间有一些曲折,后面还是描述性地写。

这时已经到6月底,胡绳对编写工作抓得更紧了。

从胡绳的日记看,6月25日:"午睡后驱车到玉泉山,即宿此,王梦奎已开始工作。"26日:"一天在山上,催郑惠。读育之带来的上海新出《七十年》,写法并不高明。"28日:"竟日在山上,看稿,主要是修改第九章已得四节(但未改完)。"29日:"上午改好九章三节(做了些补充和文字修改),几个同志都在加班努力,下午准备九章八节的写作,晚饭后回家(作诗,后书赠龚育之)。"31日(星期日):"上下午连续进行录音写作(第九章第八节的前半部分),自6月5日开始用此法,至此已写五篇。"7月1日:"下午在家,据原有稿改九章八节的后半部分,似尚能与上半部接拢。黎钢（注：是胡绳的儿媳，也是秘书）为抄上半部。下午参加庆祝七十周年大会，江总书记报告。散会后上山，王梦奎已写好第九章的第四、五二节，晚读第四节后睡。感小诗一。"2日："改好九章八节，全稿付排。与沙谈，请他写九章六节中之一部分（梦奎允写其中经济部分，但其他写不了），读育之写的七章六节，读郑惠写的八章一节，又重看九章四节。"3日："细看王梦奎写九章四节，稍作文字修改，又细看郑惠的八章一节，也修改了一些，我改过的九章八节已排出，又看改一遍。"4日："育之的七章七节已印出，梦奎的九章五节也印出（七章差二节，九章差一节），只有郑惠的八章仍只有一节，彼托病不来山上（未正式请假），定明日开会。"

胡绳6月29日日记中说到所写的诗，题为《初夏》："园深草长树成峦，叶茂荫浓顿觉寒。不是花时空斗艳，枝头新果累如丸。""注：其时，余与育之、冲及等合著之《中国共产党的七十年》甫告完成。胡绳，十月书赠龚育之此诗并题。辛未初夏同在玉泉山时作此小诗，其时《七十年》行将定稿，录奉育之同志两正。"记得老龚曾对我说："两正"是什么意思？我说：大概是诗和字请"两正"。他也同意。

顺便讲到，稍后胡绳到北戴河又写了一首诗，无题："潮生潮落任从容，俯仰何愁浪似峰。欲向海天交接处，排空驭水战蛟龙。"也是10月间赠我时在后面写了一行:"辛未夏在北戴河海滨偶作,请冲及同志正之。"这里虽没有提到《七十年》,诗写得很有气势,我想大概也反映了他当时的心情。

7月5日,胡绳日记写道:"下午开会,郑惠亦来,约定仍由他写。7月10日交稿。育之的八节已排印出。全书只差六节(内四节为'文化大革命',郑说已写了二、三节稿子)。"那天会上胡绳说:

五月底的时候,七、八、九章还没有影子,最近隔了一个多月,第七章已经写到了第八节,就差一节。第九章,九节也完成了八节,差一个第六节。字数,第一章到第六章是十六万八千字,第六章是五万字,第七章是七万字,第九章七万字,第八章大约四万字。还要扫尾,扫尾后送审。

这以后的十天间,因为李先念对《中国共产党的历史》上卷(后改称第一卷)中关于西路军的叙述,有强烈不满,胡绳花了很多时间同沙健孙、郑惠、李先念的徐秘书,以及国防大学一同志商议和修改,并报中央党史工作领导小组各成员;又重看了第七章第六、七节,第八章第二节。这段时间,他的工作十分紧张。7月17日日记:"下午在宾馆看《七十年》新出来的七章六节和八章二节,至此除'文化大革命'尚有二节外,均完。"12日日记:"抽空看了清样一、二章,晚上工作到十二时。"13日日记:"抽空看第三章，到夜十二时看完。"14日（星期日）日记："整天未出门，看清样四、五章，到晚九时看完，甚累。"

7月15日，胡绳日记："到玉泉山，住在山上。上午开会，说了对前五章意见，约定明日讨论七、八、九章。下午重看第六章后三节，看八章各节（今日八章最后一节也排出），全稿已全有。"对接近定稿的前五章，本来已经过反复的字斟句酌的推敲，胡绳还细心地找出有哪些疏漏的和提法不当的地方。

胡绳：一、二、三、四、五这五章，总的还可以，个别还有几个问题。

第一章讲到一大的成分并不纯。现在有一个说法有点问题。就是说这对于初生的党是不奇怪的。那么成熟的党就不发生这个问题啦？后来怎么一直还发生，一直到林彪、江青。还要讲几句这是怎么发生的。有一个青年说，看到有些现象心灰意冷。这是一个需要说明的问题，阴暗面总是有的。《红岩》的英雄一起，还有甫志高，所以加一个不光是"初生"的党会有不纯问题，党在发展成为广大的群众性的党的时候，主体是健全的，但是不可避免地也会有不坚定分子、变节分子、异己分子等。1942年廖承志、张文彬被捕时，就出了许多叛徒。"文革"的时候又出了那么一批人。

第二章有个小问题，就是四一二以后，人民群众是怎么对待蒋介石、是怎么反应的。像胡愈之他们的信，可以用，这是愤怒的声讨。4月18日，蒋介石成立南京政府，武汉国民党也有抗议，他们也不愿意看到蒋介石独吞北伐成果。

第三章有个小问题，就是往赣南闽西去。那时有李文林（注：红军从井冈山下以后，国民党军队一路追着，到了赣南的东固，那个地方有李文林领导的二团、四团和根据地，才落了脚），这里要点出人名来。古田会议这个小题目应该改成"向赣南闽西前进和古田会议"。稿中说"秘密召开了四中全会"，不需要写"秘密"两个字，那时其他的全会也都是秘密的，否则国民党要抓人。

第一百五十页，在国民党统治区的文化工作方面，要提"社联"。当时左翼有左联、社联等，以这些组织为核心展开进步文化运动。

第一百七十三页，董健吾被派去陕北，国民党也是通过宋庆龄来实现的。因为到延安去沿途有个安全问题，所以孔祥熙亲自给了董健吾一个委任状。一二·九运动的领导人中要提到黄敬、宋黎。

延安文艺座谈会要写鲁艺等，能写就写。全国许多青年当时向往延安，奔向延安，在青训班、抗大、陕北公学等，也得提一下。

第四章第一百八十四页,讲"宋庆龄是伟大的爱国主义者",说是"伟大的爱国者"就可以了。第一百四十七页,宋庆龄成了共产主义者,鲁迅成了马克思主义者,这些帽子可以不加。

第一百九十四页,山西新军,只说组织了一支革命军叫新军,会给人顺便提到的感觉。第一百五十八页,新四军、八路军先后创建了什么什么根据地以及华东地区如何如何,不要用"以及"两字,别人看了不高兴。王震南征,还要讲。徐帅的回忆录,要引几句。

第二百六十页,抗日各阶级里面漏掉了民族资产阶级。海外华侨放在前面,不要放在和地主、买办一起讲。百团大战证明了不是"游而不击"的写法,好像直到百团大战才证明了不是"游而不击"吗?不要那么强调。

第二百七十九页,政协会议,这事很复杂,写成是蒋介石被迫同意,看不出来,把"被迫"两个字去掉。《中国土地法大纲》主张平分一切土地,提到连同乡村一切其他土地,这会损害中农。还有些代名词不清楚,用了"他",不清楚是指哪一个。江泽民四中全会后担任总书记,稿中讲他做了哪些决定多,讲做了哪些事少。比如说做七条决定,不如说根据这次会议决定做了七件事。引《历史决议》倾向于也不要太多,反正总的是按照决议的精神写的。说划清政治问题和学术问题的界限，这两个问题有区别，又有联系，到底怎么区分呢？共产党人的学术活动没有一点政治性，那荒唐了。搞自由化的人，有些问题也划不清。还有的问题有些政治性，但不是太大。他可以相信上帝创造一切，但承认你的四项基本原则为指导，那就不能多加干预。

第九章第六节经济，讲得细了点，大体上还平稳。

7月16日，胡绳日记："上午在山上开会，议第七、八章稿。""一章到六章，分送中央党史工作领导小组各同志审阅。"

胡绳：1956年的形势，要讲八大面对的形势，因为下半年又发生变化。如果用"东欧风波"来称它，可能会联想到现在，还是讲波匈事件好。什么事件？不用多写，读者自己去查吧。中国的1956年是多事之秋，两个问题：一个是阶级斗争，一个是经济发展速度。这两个问题一直贯穿着。社会主义建设总路线不一定作为标题，但也要有几句肯定方面的意思。

第四节，郑州会议，第一次说得比较简单，只说恰恰是毛主席看出了在"大跃进"中存在的"左"的问题。要多说几句，这是一个转折。毛主席开头要陈伯达、张春桥去调查，我和少奇同志到南方。毛主席要陈伯达他们到天津附近的火车站谈了一下，张春桥立刻感到有些变了，调查不积极了。少奇同志南下时还讲"可以用三分之一的地种花草"，他说大家太辛苦了，要劳逸结合。毛主席发现当时出现的问题严重，谈了商品问题和不能剥削农民。不管怎样，他总是想要扭转一些问题。

第六节，划分政治问题和学术问题怎么个说法？怎么划得清？是不是政治性的问题都用政治办法来处理？这也有问题。还是要划清人民内部矛盾和敌我矛盾。同邓子恢关于农业合作化速度的争论，就是政治问题而不是学术问题，但也不能那样处理。说彭德怀有国际背景的问题，在稿中提到，要写就得写清楚，否则就不写。说有国外力量支持彭德怀，是毫无根据的！

第七节，建交的各国，后面也写了不少。我们这本书毕竟是党史，不是国史，这些事不必讲那么细。讲外交的时候，提出过"备战备荒为人民"，没有对国际形势做总的估计。准备打仗，不是我们要打仗，这个要说清楚。党史要更多地从对形势的估计、工作的方针来讲，三中全会以后的调整、裁军一百万，那就是另外一种估计了。关于中苏矛盾，总的说写得还可以。"九评"不说算了，又涉及苏联如何，一下也不容易说清楚。

第八节，十中全会，也联系到苏联。忽然来了一个"三和一少""三自一包"，前面讲了李维汉什么什么，许多正确的建议被当成了修正主义。后面又说王稼祥主张"三和一少"是修正主义的国际纲领，读者不好理解。

还有个麻烦，就是文化领域内的写真实论、社会主义深化论。人家看不懂。

第七章第十一页，突然出现一个备战的形势，究竟对战争怎么估计？要有个说法。

对当时的党内斗争有两种看法，一种认为毛主席和刘少奇是两条路线斗争，另一种认为是正常的工作中不同思想的争论。毛主席确实有时候把问题看得很严重，事实上并不是有一派人起来反对。这种看法是什么时候形成的？很难说。总之，并不是两条路线、两种政治派别的斗争，否则就不能解释为什么邓小平是第二号走资派，而后来还是要用他。毛主席对西楼会议是不满意的，但调整工作仍在继续进行。八届十中全会，第一个问题是讲形势，今年比去年好这是事实，不需要讲怎么怎么好。当时领导干部的思想，也不只是某一个人的思想。那时，毛主席和几个人看一个广东的报告，对农村的公共食堂已有议论，而另一个报告却说很好，他要大家提意见。当时我也不敢讲话。他的导向是这个，下面迎合，他觉得我的意见也是下面来的。当时毛主席拿着曾希圣的一份材料说，你看不是三年改变面貌了吗？

反右斗争稍微改动了一下。三年"大跃进"可以做个总结。1958年到1960年，总的是"大跃进"的错误，但也有点成绩，有些地方要讲一点，是整个领导干部的思想倾向问题。小平同志在1961年搞工业七十条时是纠正了一些错误，实际上不赞成前几年那些做法。后来加了个帽子，把当时所有的流行政治语言都加上，就通过了。

基本理论上的重大错误，是没有弄清楚社会主义建设要继承资本主义国家中的好的东西。社会主义为什么优于资本主义？因为它继承了它好的东西，又前进了。一百个坚定的社会主义者，到荒岛上也建设不起共产主义来，美国如果搞社会主义，当然比现在的更好。每一代的生产关系都建立在前一代既有的生产力基础上。大企业、大银行不能带到荒岛上。苏联对这个问题在理论上没有阐释。要学习人类文明的全部成果。光是新的社会制度，而没有既有的生产力基础，那怎么能使生产力比旧的更高？跟外国比，要这样比。你基础差，靠小手工业怎么建设社会主义？遗产太少，国情是底子薄，这些没有说透。包括文化、技术的能力，为什么上海发展快？为什么日本在第二次世界大战以后恢复得很快？毕竟是有一套大工业的管理经验和技术人才。这些都不管，就不能真正懂得我们开放的道理，我们必须吸收资本主义国家的好的东西。保险公司在水灾时还是起作用的，怎么搞？这类社会化的武器没有的话，你怎么建设社会主义？科学技术都是硬碰硬的，你把资本主义变成社会主义，就要把这些都接受下来，加上新的社会制度，当然就比原来的更高。中国的社会生产力水平怎么可能十年就比美国更高呢？毛主席提出，十五年超过英美，他敢于比，他的办法是用群众运动、用人力来打败现代化的资本主义国家。其实，你还是要继承前一代的。"大跃进"，老是批评什么落后论，上海的弄堂工厂也培养出一些很好的技术人员，做得很精致。搞大工业，培养技术人才，有一个遗产继承问题。

兴无灭资，为什么不妥当？现在没有人讲。有些人说继承资本主义，要把它的政治制度都继承下来，那不成。列宁讲，资本主义的国家机器要打破，但是大银行等要接收下来，割断它和垄断资本的关系，变成社会主义的东西。共产主义当然要超过资本主义原有的生产水平。非洲有的国家搞社会主义搞不成功，学中国都很难学。好多国家搞社会主义是受苏联的影响。搞得好一点的，如津巴布韦，也叫社会主义，将一些英国殖民者仍保留，议会中还有英国人。你原来很落后，三百年的殖民地，都是英国资本，你把英国人全赶走了，自己没法管。照抄苏联的模式也不行，就要另找一条路。

毛主席搞"文化大革命"，也看到一些干部中的特殊化，开始揭露。有的是夸张了，有的也是事实。反过来，他要纠正平均主义错误不能用上海那本党史书所说的"迫于形势不能不做自我批评"。但是又不能说得太满，纠正不彻底也要适当说到。真正彻底？我们十一届三中全会搞了半年以后，又出现急于求成。造成这些现象不是简单地重复过去。像超英，只比钢铁产值，还有其他方面呢？包括技术领域。因为钢铁总值十五年真是超过了英国，但都是粗钢。还有其他方面呢？那样理解太简单了。但事情也有另一面：中国长期是半殖民地，过去许多人有民族自卑感，从来没有想过同他们比一比。现在，我们处在平等地位，可以设想比一比了，这种精神状态很了不起。

"文革"部分，当时的语言用得太多，像"无产阶级司令部""最高指示"等，这些话不要用。有些可以用，比如"反潮流"，不过要加以说明。"破四旧"，对象不对，方法也不对。这些问题，先要说明是怎么回事，当时怎么想的。想通过夺权的形式彻底改组整个领导。

林彪是怎么回事啊？也没讲。红卫兵是在"中央文革"的鼓动下起来的，许多人后来觉悟了。还有第一节中最后反过来说一下也可以，是否要提"空想社会主义"是个问题？毛主席的错误，一个重要原因是党对怎样建设社会主义缺乏思想准备。

为什么会出现林彪、江青这两个集团？"文化大革命"这样发展起来，社会渣滓必然会乘机泛滥起来，这要讲一下。林彪、江青，你说他代表地主、资产阶级的利益？在"四人帮"那个时代，地主、资产阶级的日子并不好过。它有个社会基础，当社会上那种自发性的运动搞起来，各种各样的野心家，包括学校里的，还有一批地痞流氓都起来了，而党内集中出现了这两个集团，至少要说到这个程度。党内不纯，自古已然。这个时候供给了它一个社会条件。造反开始时，很多人是盲目地跟随。后来造反派中很多人带有地痞流氓色彩。在探索中国特色社会主义中，要从历史上提供一些不应该怎样做的深刻教训。但就在这个时候，党还是没有垮掉，党员的信念依然存在，是有生命力的，所以能够纠正自己的错误，这个后面还要讲。

邓小平在"文革"后期复出，稿子太轻描淡写了。这以前什么时候委任过他当副主席？要回过头去说几句。重新出来，毛主席在这一点上还是有很大功劳的。原来邓小平在群众中还没有那么高的威望。到1975年出来整顿，大见成效，再被打倒，这样他的威望就高了。不必讳言，这没有什么选举，是毛主席指定的。总的趋势是他对"文革"的许多做法越来越厌恶了。

这以后，全书的编写工作已近尾声。从胡绳日记来看，7月18日："看完六章稿，交育之。下午改九章一、二、七、八节（八节改结束语），据昨日讨论改，又把后记定稿。"19日："仍改一、二、七、八节，并由黎钢校正引文。"20日："昨发排九章一、二、七节改稿，今发排结束语改稿。沙送来三、四、五、六节改稿，只看了三节，晚饭后回家。"21日（星期日）："在家中，看沙改各节。"22日："早到玉泉山，与沙、龚、郑、金谈如何结束工作事宜。看了龚改七章一至六节，又把九章的各节看了一下，算是定稿（本定明日把七、九章及结束语送审）。晚上看郑惠改出的八章'文革'第一节，与金谈，由金改一下。"22日："午睡后看八章一节（金改过）及二节，一节并交龚看，二节由金改了一下，两节均可定稿。"24日："上午看郑的八章三节，并读龚作第七章最后三节。郑之第八章还缺二节，候到晚饭看电视后，才读到第四节，太长，助郑加以删改到十时半，十二时睡。"25日："在玉泉山最后一日，上午看了郑惠的第八章第五节，至此全部定稿。午睡后与诸人同拍照，三时进城。"

五　中央党史工作领导小组批准本书出版

胡绳是7月28日（星期日）赴北戴河的。那时，中央党史工作领导小组组长杨尚昆，副组长胡乔木、邓力群等都在北戴河。中央对《中国共产党的七十年》这本书很重视。它的出版，需要经过中央党史工作领导小组审查和批准。胡绳到了北戴河，午休后就去看胡乔木，谈了两个小时，并且把书稿的清样送给他。

乔木的夫人谷羽在《五十余年共风雨》中回忆："到了7月中旬，看着他（注：指胡乔木）那日渐衰弱的身躯，我真觉得心痛。我坚持要他到北戴河休养。开头几天，我把他看住了，不让他看书写东西，只是每天读读报，谈谈诗，散散步。我常常劝他：'你已经病成这个样子，现在应该注意自己的身体了，养好病，今后的时间还长，事情可以慢慢去做。'但是乔木天生没有这份'清闲'的福气。7月28日，胡绳同志送来《中国共产党的七十年》的清样，请他审阅。""胡绳劝他不着急，看身体情况，慢慢来，着重看

七、八、九章就行了。他一拿到清样,又不顾一切了。虽然由于病情加重和药物反应,他经常头晕、恶心,但他还是用了不到五天的时间,把这三章看完了。他在清样上做了许多修改,有的地方是成段地补写,写得十分精彩。他还写了许多小纸条,就某一事件的史实或论断提出具体修改意见。又找胡绳来谈了很久。"

胡绳在《胡乔木和党史工作》中,也回忆这本书最后修改定稿时的状况。

本来应该在7月10日前出版的这本书,直到7月25日左右才在我们手里大致有了定稿。这时,我们面临着请哪一位中央领导同志审阅这部书稿的问题。如果得不到中央党史工作领导小组负责同志之一的胡乔木同志的认可,我们不能安心地出版这本书。

这时,胡乔木同志在北戴河休养。从北戴河得来的信息是,他现在精力很差。他要求我们考虑是否以某种非正式的形式出版这本书,并只在一定范围内发行,以便于征求意见,修改得完善一些再正式出版。于是,我代表写作班子到北戴河和他商量这件事。

7月28日,我在北戴河和胡乔木同志会面。他的确神情疲乏,因为担心我们写的书达不到必要的水平,所以提出上述的要求。我建议他看一下第七、第八、第九章的稿子。这三章写的是从1956年八大以后三十多年的事。如果这部分稿子站不住，就不必考虑全书的出版问题了。他表示同意，但说按他的身体状况，很难说用多少时间才能看完这三章。我请他从容地看，不要妨碍他的健康，反正党的诞生纪念日已经过去了。

使我吃惊的是，只在两天后，乔木同志的秘书告诉我说，他已经看完第八章。8月2日中午，他派人送给我他看过的三章和结束语，并且要我第二天去看他。他只用了不到五天的时间就看了这部分二十万字的稿子，并且批注了许多意见。8月3日，我应约去看胡乔木同志。他首先对写作班子的工作成果表示高度的评价，要我转告北京的同志。他还说，他要立即报告这时也在北戴河的杨尚昆同志，请他召集中央党史领导小组的会议，批准出版这本书。接着，我们还对他在书稿上提出的有些意见进行了商酌。

胡绳在这篇文章里写道：

这里，我还必须讲一下胡乔木同志在审阅这本书时亲笔做的修改和根据他的意见进行的修改。虽然这些修改的地方很多，不能一一列举，但是举几个例子做代表，我以为是必要的。因为这些修改不但使本书增加光彩和减少疏漏，而且也反映出乔木同志对于党史的真知灼见。可以说，贯穿在这些修改意见中的根本精神就是，要警惕右，但主要是防止"左"。

先讲第七章。第一个例子是第二节倒数第二段中，评论1957年反右派斗争时书中说："反右派斗争严重扩大化的实践，反映到理论上，动摇和修改了八大一次会议关于我国社会主要矛盾的科学论断。这成为后来党在阶级斗争的问题上一次又一次犯扩大化甚至无中生有的错误的理论根源。"这句话中，"甚至无中生有的"这几个字是乔木同志加上去的。虽然只是加了几个字，却使这句话真正成为具有概括性的论断。与此相关的是，第八章第一节中以《"文化大革命"的导火线》为题的一段中，最后一句话原稿是"造成更加广泛的阶级斗争扩大化的迷雾，产生中央果然出了修正主义的巨大错觉和紧张气氛"。乔木同志对此批注道："'文革'不能成为阶级斗争扩大化，因为这斗争本身是捏造出来的。"据此，这句话书中改为"造成到处都有阶级斗争的紧张空气，造成中央果然出了修正主义的巨大错觉"。

第二个例子是第三节中以《八大二次会议》为题的一段中，原稿有一句话评论八大二次会议前的南宁会议和成都会议。胡乔木同志显然认为这句话说得不够。他在原稿校样中加写了一大段话，后来他又重新考虑把这段话做了改写。乔木同志改写的这段话是："南宁会议和成都会议作为探索中国自己的建设社会主义道路的新起点，有其积极的一面。那就是使中央和全党打开新的思路，力求继承中国人民长期革命斗争中所形成的独立自主和群众路线的优良传统，振奋精神，寻求用更好的方法和更快的速度发展中国的社会主义建设。但是后来的实践证明，这两个会议对中央和全党的工作又有消极的一面。那就是两个会议都对1956年的反冒进以及主张反冒进的中央领导人（他们代表党中央的大多数，而且他们的主张得到党的八大一次会议和八届二中全会的确认）作了不适当的批判，从而造成如下两个方面的影响。"他所说的两个方面的影响是：第一，助长脱离实际的臆想和冒进；第二，助长个人专断和个人崇拜的发展。胡乔木同志一向主张历史著作中要夹叙夹议，而议论又不可太多。他为这本书所加的议论往往有画龙点睛的作用。这是一个例子。

  第三个例子是第六节中在以"科学、教育、文化政策的调整"为题的一段的末尾，提到周恩来和陈毅1962年3月在广州的讲话反映了党对知识分子的正确政策，原稿对此未做进一步的评论。胡乔木同志加了如下一段话："但是，党中央对思想政治上的'左'倾观点没有做出彻底清理。周恩来、陈毅在广州会议上关于知识分子问题的讲话，在党中央内部有少数人不同意甚至明确反对,在周恩来要求毛泽东对这个问题表示态度时,毛泽东竟没有说话。这种情形是后来党对知识分子、知识、文化、教育的政策再次出现大反复的预兆。"这段话是当时情况的真实反映,也使人们看清了这个问题发展的前后脉络。

第四个例子是第八节在八届十中全会的一段中,最后讲到八届十中全会后,一方面政治上阶级斗争扩大化的"左"倾错误严重发展,另一方面还能继续进行经济上调整和恢复的任务。胡乔木同志加上了这样一个结语:"这两者是相互矛盾的,但矛盾暂时是被控制在一定范围内了。"这句话也是具有画龙点睛之妙的例子。

在第八章即《"文化大革命"的十年内乱》一章,胡乔木同志做了多处的修改和补充,其总的意思都是必须完全否定这场所谓"革命"。例如第三节说到林彪反革命集团的失败时,原稿中说:由此而揭露出来的"这些具有极大尖锐性的事件,促使人们进行严肃的思考:'文化大革命'给党和国家带来的是什么结果?什么前途?'文化大革命'究竟是不是必要的?究竟有没有合理性?"胡乔木同志在这里接着加写了好几句话。他写道:"天下大乱究竟能不能导致天下大治?天下大治究竟为什么要通过天下大乱来达到?无产阶级专政下究竟要不要这样'继续革命'?'文化大革命'所打倒的究竟是不是走资本主义道路的当权派？中国究竟有没有面临资本主义复辟的危险？反之，'文化大革命'究竟能不能给中国人民中的任何阶层带来任何利益和希望？'文化大革命'五年来究竟依靠的是什么社会力量，它所造成的巨大损失和巨大灾难究竟有什么意义？继续下去又还有什么意义？"这个例子也许足以表明，议论虽然不可以过多，但是必须要的时候就应当有足够的鲜明性和彻底性。在第八章的末尾，原稿中说"'文化大革命'提供了不应该这样做的深刻教训"。乔木同志把这句话改为"提供了永远不允许重犯'文化大革命'和其他类似错误的深刻教训"。

在全书的《结束语》中的《曲折的经历》一节中，说到如何发展社会主义建设事业的问题时，原稿中说："一般地说，在这方面世界上并没有现成的完备的经验；特殊地说，中国的具体的历史条件也不允许照抄别国的经验。"胡乔木同志显然感到这里说得太简单，因此他在"世界上并没有现成的完备的经验"后，加写道："而按照马克思主义的原理，任何一国的历史都不可能是另一国历史的重复。各国党和人民都必须寻求适合本国情况的发展道路。"然后把"特殊地说"以下一句话改为"中国由于是一个与任何欧洲国家不同的落后东方农业大国，而又在长期革命斗争中积累了自己的经验，形成了自己的传统，并且对于照抄苏联经验有过十分痛苦的教训,这就更不允许照抄别国的经验"。这样的修改显示使内容丰富得多、充实得多了。

在《四十二年来的巨大成就》一节中,胡乔木同志批注道:"需要有一大段话说明中国现在仍是落后的,与发达国家差距不但很大,而且有越来越大的危险,以强调实现现代化改革开放三部曲的紧迫感。"原稿中只写了"和世界各国相比,我们既要看到自己的成就,又要看到自己的不足"。现在的书中,在这一句话后根据胡乔木同志的意见加了一大段话,说明现在还落后,必须卧薪尝胆,急起直追,在世界形势严峻、科技迅猛发展的情形下,必须有这种紧迫感。这个补充显然是很必要的。

以上所举的虽然只是少数例子,但我想已足以说明胡乔木同志在审阅这本书稿时是多么认真负责,多么仔细。而他那时是在病中,这场病终于在一年后夺去了他的生命。现在重看他当时阅过的、布满他的字迹的几百页校样,重看他为尽可能求得这本书的完善而写给我们的一些字条,我不能不感到他是怀着高度的政治责任感,为这本书付出一生最后的心血。

胡绳自己也实在太累了。他在 8 月 2 日日记中记道:"十一时睡,因疲劳过甚,上床后又似乎梦游地下床,幸黎钢等发觉。"对 8 月 3 日的活动状况，他在日记中记道："上午九时到乔公处，邓力群亦在。乔高度评价《七十年》（不再提试用本、内部发行等），提了些意见。午睡后将稿子改了几处，下海。晚饭后写了一封信给玉泉山（午已打电话给郑），当即发出（明下午可到北京，星期一可能送到）。"8 月 4 日日记："连日疲劳，耳鸣甚剧，全天休息。"

他在日记中说到的 3 日中午给郑惠打电话的内容，郑惠在《程门立雪忆胡绳》中回忆道："今天早上去乔公那里，谈了两个多钟头。乔公对书稿作了很高的评价。他说，这在以前没有过。现在另找一个班子写也写不出这样一本书来。告诉玉泉山的同志们，这一本书是党史工作空前的、独一无二的成就。"紧接着，胡绳还说了有哪些地方要我们继续修改，并准备过几天去北戴河列席中央党史工作领导小组会议，等等。

他在 3 日日记中说晚上给玉泉山诸同志的信是：

玉泉山诸同志：

八月三日上午与乔木、力群同志谈。乔木同志除对《七十年》作了高度评价外，说了以下几点意见（已经改或写在本子上的不重复）。

一、对任弼时同志要适当地说到，如他留守陕北，他的

《土地政策的若干问题》,也许在西柏坡中央领导同志集合时可提到他(我未来得及复查,似乎稿上是提到过,请查补)。

二、成都会议的内容要讲一下。

三、"大跃进"在成就一方面要加重,如它在破除迷信、振奋精神、各地方比较普遍地建立了工业基础等。但不必把写在后面的材料调到前面来。

四、八届十中全会强调阶级斗争,固然错了,但是不是完全无中生有(地主中有"翻天账"的,台湾海峡形势)。

五、《农业四十条》只是和一些地方同志酝酿形成,深耕密植两条,全无科学根据,其所提出的指标未经过认真调查,无根据。

六、对"文革"要说,毛渐渐发现红卫兵、造反派并不是对他的思想和主张的忠实的信徒。他原以为两三年即可收场,总是幻想使"文革"有一个好的结局(这种意思原文中似是有的,但可说得更明显)。

七、说晚年脱离群众、脱离实际,还太一般化。可以说,他接近和信任的人越来越少,他对具体情况不了解,其想法也就越来越抽象化。

八、"文革"中对正面人物要大树特树,被迫害致死、坚贞不屈的同志(刘、彭、贺、张闻天、陶等)。被结合的干部,绝大多数在极端困难的条件下为党为国家任劳任怨地工作（以周、邓为代表）。还有广大干部和知识分子，他们是真正代表党、代表人民的。

九、医学上的成就（如断肢再植，还有其他），农学的成就（如杂交水稻、优种小麦，这些是对以百分之七的耕地养活百分之二十二的人起了重要作用的）要提到。

十、结束语中要加一段，讲现在还落后，必须急起直追，卧薪尝胆。在世界形势严峻、科技发展迅速的情况下，必须这样做。

十一、在适当地方强调爱国主义，例如，广州知识分子问题的会议，可以引用陈毅（？）说的（注：问号是原信上的，可能是胡绳一时记不准是陈毅讲的，还是周恩来讲的），知识分子在三年困难期间同甘共苦，没有理由不信任他们。在"文革"部分也可适当讲到这点（在"文革"的灾难下，但广大群众仍然拥护党，爱国）。

十二、后记中不说未经中央审定，要欢迎提意见，以便在适当时修订再版。我只能简单地复述这些意见，请考虑。再用几天时间精心修改。附上乔木同志看过的稿子。敬礼。

胡绳
八月三日下午

那以后几天,据胡绳日记,8月5日:"看玉泉山送来的根据一波意见对山西新军之补充。看九章稿,据乔公意见考虑修改(已告玉泉山,九章由沙、金改),晚写一信提出修改意见,明日带到北京。"6日:"今天的工作是续看九章并结束语。乔公来信,晚上玉泉山来了个长电话,乔公今日意见多数已在电话中告诉他们。"7日:"乔公处电话,明日在杨主席处开会,因约玉泉山三人(龚外出不能来),乔公又约逄(注:中央文献研究室主任逄先知,当时也在北戴河)来。写了一段补充结束语的话(据乔意),准备明日的会上做汇报。上午下海一次,连日耳鸣,听外面还清楚,自己的声音听了却有朦胧之感。"

我们在玉泉山的三人接到电话后,立刻赶到北戴河。中央党史工作领导小组的会议,就在北戴河杨尚昆住处召开。8月8日下午,胡绳带了逄先知、沙健孙、郑惠和我去。中央党史工作领导小组成员,只有薄一波不在那里而没有参加。会前,杨尚昆、胡乔木等随便地谈话,我也记下来了。

胡乔木:1956年讨论1957年的预算有场争论,成为南宁会议的导火线。少奇同志对我说:那么严重,其实不过是二十亿元的争论。我参加了会。会上没有做结论,纷纷发言都是支持低指标的,毛主席提出的是高指标。总理踊跃发言：不能搞高指标。也有几个人模棱两可。南宁会议上被批评说：你们是中间派。毛主席看到大多数人不赞成，后来总理又单独找了他，说我作为国家总理……（注：话没有讲完，杨尚昆插话）

杨尚昆：是，是有这个事。

胡乔木：我说这是重要的事，不然南宁会议不好理解。南宁会议前开了杭州会议。只有三个人，毛、周、彭真。我作为秘书参加。这次会集中批评总理，是先打个招呼，就是要批你，题目就是"1957年预算问题"，打击了群众情绪，泼了冷水。后来说1956、1957、1958年是个马鞍形，实际上不是马鞍形。这段历史要说明。南宁会议是一面倒的，一开始就对持反对意见的人一个个批评。有几个同志批评得很厉害，说富春同志："你是积极分子。"但他没有怎么说话。

杨尚昆：后来说李富春怕鬼。

胡乔木：我在书稿上加了几句话：八大二次会议以后新的探索，以南宁会议为开端，也有它有利的一面。大家解放思想，展开新的眼界，把条条框框敢于打破，重新判断过去的工作，创造新的工作方法；不利的一面是，把经济恢复以来的第一个五年计划时期丰富的、宝贵的、成功的经验踢开了。创造性的东西，不能把原来的基础撇开。这不是打破旧世界、建立新世界。对那个经验没有认真分析研究。另一个，改变八大路线，这是个重要问题。既没有经过代表大会、中央全会，政治局也没有进行平等的民主的讨论，难免助长臆想和冒进的结果，主要是难免助长个人专断与个人崇拜。以后中央开会，没有八大以前那种比较民主的气氛。成都会议上，陈云不讲话，很多会他不参加。

杨尚昆：八大决议上那句话，先进生产关系与落后生产力的矛盾，"文革"时毛主席说他根本不知道，哪有这回事。

胡乔木：说没有看过，是"文革"时的事。这件事，我写过检讨，详细讲了经过。起草决议时很匆忙，第二天要开大会了，上一天晚上，陈伯达发起三个人商量：陈伯达、我、康生。陈伯达预备了一个稿子。康生可能去，好像是没有去。隔了两天，毛主席就反对了。

胡绳：陈伯达引了列宁的话，毛主席说列宁讲的先进生产关系，是同外国比，不是同生产力比。

胡乔木：毛主席认为表达不正确。起草时那样写的本意是要强调发展生产力，这确是本意。毛主席为什么反对？他说这样社会主义就搞错了，本来生产关系决定于生产力，照这样讲，生产关系跑到生产力发展水平前面去了，不是搞错了吗？

杨尚昆：后来南宁会议上毛主席主要讲士气问题。他说：我不是提倡高指标、速度快，主要是气可鼓，不可泄，反冒进打击了广大群众的情绪。他有他的看法。

领导小组会议是下午三时半开始的。

杨尚昆：开个会。

胡绳：先说写书的经过，《七十年》这本书，去年下半年根据乔木意见，由党史研究室准备。今年年初陆续写出草稿，比起现在一般书的水平来，改改也可以了。但总想提高些，有些思想性。乔木提：找些人。从文献研究室找了金冲及，宣传部找了龚育之，加两个人。最后又加上国务院研究室的王梦奎，他比较晚了。今年1月，集中在玉泉山，草稿有了，基本上重起炉灶。4、5月将民主革命时期全部搞出来。5月龚育之写出社会主义第一章，瓜熟蒂落，不知道怎么样。实际上快到今年7月要纪念党的诞生七十周年了。5、6月搞出七、八、九章。写新时期时，经济方面情况不太熟悉，把王梦奎拉来，比较晚，现在弄出来了。

总的说起来，怎么样？条理是清楚的，文字是精练的，基本上按历史过程说下来，有历史感，不是材料堆积。这说容易也容易，外面书那么多，资料那么多，必然把资料摆进去。当然，也不免有"炒冷饭"，但在组织材料与论述中还是有点新意的。

第一部分，新民主主义革命时期（一至五章）比后面四章少一点。里面注意写了马克思主义基本原理与中国革命实践相结合。正确的方法路线形成的艰难过程，难免发生各种曲折挫折。建党初、大革命、土地革命、抗日、解放战争时期党的斗争。遵义会议后基本上正确。

前面，党的斗争总体上给以肯定的论述，将正确的经验说出来。那时毛主席的许多重要思想，与李大钊、邓中夏、瞿秋白、周恩来、刘少奇、张闻天还有些正确的东西，尽量把这些正确的、珍贵的思想也写进去。注意写了大革命时的右，土地革命时的"左"，一般有些人将它归结于小生产，我们没怎么采用这个公式。《若干历史问题决议》在讲错误的根源时说了小资产阶级，这样说的前提是无产阶级总是正确的，一犯错误就是资产阶级、小资产阶级的思想。无产阶级也可能犯错误，形势看偏了也会犯错误。要把错误的历史背景、产生原因、得到什么教训说一说。遵义会议正确的方针路线也是从这里得到的。要比较具体地分析历史背景。对共产国际，适当说了它帮助我们的积极作用，也说了它的错误指导思想对中国共产党的影响。

遵义会议以后直到解放战争时期，当然做到将马克思主义基本原理同中国实际相结合。党运用了武装斗争和统一战线这两个武器。对反封建给以适当强调，针对有些人说共产党好像不反封建似的。彻底的反封建只有中国共产党做到了——土地革命。只有中国共产党解决了反封建的根本问题。统一战线，花了较多的力量写它。党的历史经验，什么叫又联合又斗争，特别是几个关键时期。皖南事变，事后想想，当时处理得那样好。抗战结束后，如何处理这个问题？着重说了抗战胜利以后争取和平民主的问题，确实有这个想法，不只是表面上的策略。是有个争取和平民主的努力，如开政协会议，想走一个比较迂回的道路来实现新民主主义。当然，两手抓得很好，同时又注意准备战争，看到内战的危险性。解放战争是被迫的，不是一开始就准备打。后来"文化大革命"时，将和平民主新阶段说成完全是错的。

杨尚昆、胡乔木：说成好像是少奇个人的。

胡绳：如果搞政协，就是准备不搞武装斗争。

胡乔木：法共的道路，不是参加了政府？

胡绳：中国共产党有个不同，武装紧紧地抓住，看到存在内战的危险，做两手的准备。

民主革命时期，书中注意写党外人士，宋庆龄、鲁迅、救国会的一些人。也写了群众斗争的作用，特别是解放战争时期人民的斗争。整个写的过程中，主要是武装斗争，但对白区、国统区的工作做了必要的论述。30年代，一般说到文化"围剿"与反"围剿"。这里说一下，虽然在"左"

倾错误领导统治下，但全按"左"的做，做不通。实际上文化工作根据实际情况需要，偏离了、突破了"左"倾框子。

胡乔木：也受共产国际七大影响。

胡绳：七大还晚一些，以前也有，通过合法途径开展工作，不是完全搞秘密的飞行集会等。民主革命时期，大致如此。

建国以来，首先讲1949年至1976年。三章讲二十七年，不大容易处理。正确与错误，成绩与挫折，交织起来。我们初步理出了一点头绪，还强调有成就的。前七年不用说：一方面继续完成民主革命，土改；另一方面成功地进行社会主义改造。接着的十年中，有些有成绩。即使"大跃进"，即使总的说错误了，也有成就。对"文革"总体上必须否定，但这个时期，党还是继续表现了它的生命力，不能说这段历史的主体就是两个反革命集团，真正作为历史主体的还是抵制"文革"、坚持党的基本路线的干部、党员和人民，才能纠正"文革"的错误。强调这些时，也必须正视错误。"大跃进"、人民公社、"文化大革命"这些错误，努力去做比较深入的分析。重点放在探索中国自己特色的社会主义道路上。探索，前七年有成就，如何继续前进？这探索前无古人，也发生些问题。

最难处理的是1956年至1966年这十年。现在写的是社会主义建设在探索中曲折前进。1956年八大后一年多，郑州会议到庐山会议八个月，加上1960年冬天以后的五年调整，这些时间里有许多正面的经验。这些时期，毛主席，还有陈云、周恩来、朱德、少奇、小平、子恢、先念等提出了很多好的思想，注意尽量写进去。对这十年来说，党的指导思想有两个发展趋向：一个是正确的，比较正确的，党在探索中国自己的社会主义道路中形成的正确或比较正确的理论观点与实践经验；另一个是错误趋向，也是在探索中发生的，走偏了方向，失之毫厘，谬以千里，何况不止毫厘，形成错误的理论观点、政策思想与实践经验。为什么？人家说你们"文革"就是前面十年造成的。两种趋向，不能否认有错误趋向，但正确趋向是存在的，后来连到十一届三中全会，当然不可能将以后的都说出来，是苗头。中间给"文革"中断了。"文革"前十年中这些成就或错误，都是党在探索自己社会主义道路过程中发生的，只要能正确加以总结，都可以成为党的财富。

1966年以后的"文革"，时间太长，必须给它一章。再过一百年后来看，也许只是一个曲折。定论已经有了，怎么写？根据《关于建国以来党的若干历史问题的决议》，对"文革"的错误、毛泽东晚年的错误，比较深入地做了些分析。写法中尽量不用"文革"时的语言，当然还有，如"斗批改""吐故纳新"。对实质性问题做些分析,不搞得太烦琐。

从1949年到"文革"这二十七年,大体按这样的脉络写。

然后,最后一章讲"文革"后,主要是十一届三中全会后,当然必须讲徘徊中前进的两年。讲公道些,是徘徊,但还是在前进。现在有的书对这两年只讲徘徊、"两个凡是"。

胡乔木:不前进,不会发生"洋冒进"。

杨尚昆:它也是想前进。

胡绳:总的,这两年中发生的问题是:政治上是继续"两个凡是",经济上是"洋冒进"。十一届三中全会为什么成为转折点?书中做了论述。不只是这徘徊的两年的转折,而且是整个党的历史上的大转折。十一届三中全会方向逐渐明确,思想逐渐成熟,走中国自己的道路,"一个中心,两个基本点",坚持改革开放,坚持四项基本原则,路子越走越宽,也有些曲折,也如实写了。对胡、赵,为什么选他们要说一下,不然怎么冒出来的?当时选他们有一定的道理,后来他们犯了错误。小平同志的地位,实际上是三中全会以后(当时华国锋仍当党中央主席),小平是实际核心。第二代到第三代的转换,有的书说是十三届四中全会,这不太妥当,是经过十三届四中全会到五中全会,向第代转移了。四中全会解决赵紫阳的问题，不能说赵的问题一解决，第二代就完成了历史使命。到五中全会小平同志辞去中央军委主席，中间有半年多一点时间。

总起来说，这本书写得还是匆促，1月才搞，七、八、九章是最后两个月突击出来的。四十万字，一年一万字也得要七十万字，现在平均每年六千字，是个简本。大事可能不至于漏了，但判断是否都正确、详略轻重不能一律平均待遇，这里都会发生一些问题。这样一本简明的党史书，细节不可能都说到，必然还有应该说的细节没有说。1977年3月，陈云同志书面建议要恢复小平同志的工作，要为天安门事件平反。王震也发言。

胡乔木：邓小平复出，反映了群众呼声，要求邓出来。华国锋不反对，他拖。那时斗争很激烈。陈云，能这样讲话的人不多。还有王震。不是这两位老同志德高望重，逼华，还要拖。

胡绳：邓小平是1977年10月完全恢复工作的。这里的细节应该写而没有写，很难说。还有，从大革命到土地革命、抗日，有许多根据地，有的只是提了一下。

胡乔木：谁讲到了，谁没有讲，中央出名的人很多，不能一句话不讲。要排个队，如彭湃、杨殷。

杨尚昆：任弼时写了。最近又有人提出要确定任弼时的历史地位,因为七一讲话没有说到他。

胡乔木:请你斟酌一下,有好几个人。任弼时到书记处以前的事,二方面军的事当然要讲,留守陕北时的土地问题报告,毛主席很称赞的。西柏坡,他去世,还要讲一下。彭真也是个现实的问题,东北那段是个公案。彭真在"文革"结束后当人大委员长期间,立法是有功的。这一定要写。新宪法是他主持起草的,特别是刑法,非常大的工作。"文革"以前毛主席曾三次提出要搞刑法。刑法仅次于宪法,关系人的生死存亡。对刑法和刑事诉讼法,彭真用了很大精力,表现了他的魄力。民法总则也很不容易,确是他的功劳,不写不公道。以后的人,立法还在立。

杨尚昆:这确实做了很多工作。以后不是这样基本的法律了,是一个一个的。

胡乔木:徐向前同志是怎么写的?聂荣臻同志,晋察冀没有问题,以后"二月逆流"也有他。

杨尚昆:还有科技。

胡乔木:"文革"期间要多表扬歌颂一批人:牺牲的人代表党的正气坚贞,刘少奇、彭德怀、贺龙、陶铸,是不是够了?中央一级的,是否还有人应该是这一格的?另外,活着没有牺牲,奋斗的,首先是陈毅。他的斗争在党内外影响非常大。毛主席参加他的追悼会,不为无因。"文革"

不要写得灰溜溜的,这些人应该歌颂。活着的是否还有别人要写?还有谭震林。彭、罗、陆、杨都有叙述。

杨尚昆:彭真和我一起出来的。陈毅也没有打倒,打不倒。他不承认错误,头不弯下来。

胡绳:乔木同志看了七、八、九章,提了些漏洞。整个书轻重详略也许还不太适当,引起议论难免。四十五万字,写太多了也有困难。干部需要一本从头到尾都说到的党史。一方面要有点自信,至少比已出版的高一筹。但如成为正式的读本,就会有各种议论。已到8月,再拖不行。原本有个草稿。改,实际上是重起炉灶,当然原来的材料还可以用。尽量写出结构比较完整、在《历史决议》范围内又说出一些新意来,但漏洞一定很多。

邓力群:这本书上半部没看,人民共和国成立后四章看了一遍,正在看第二遍。总的印象,这本党史在已有的范围内,比过去高出了一头。读的时候还顺畅,没有疙疙瘩瘩。材料很多,而不琐碎。历史书总要说点规律性的东西,这方面还有一些,可以看到一点历史发展的趋势。文字还简练,有点概括能力。我的印象,至少现在国内可以说,是最新的高水平的一部比较好的党史。再做些工作,可以出版,能在党内外受到欢迎,对了解这七十年会有帮助。同意胡绳同志的意见,应该有自信。终究是经过全党的努力，党史也搞了多少年了。

提意见，我还想仔细看一下。只提两点，也可能说不清。

第一，生产资料私有制社会主义改造基本完成后的阶级矛盾和阶级斗争问题。看来这是1956年以来犯错误的一大原因，反右，庐山会议，"四清"，"文革"更大，以至改革开放中还有胡、赵在这个问题上犯错误。推广到世界上来看，苏联七十三年，一下子搞资本主义，好像很快就搞成。这问题上，毛主席确实说了很多新意见，有些意见今天得了印证。但他确实也有错，如庐山会议很难讲是阶级斗争在党内的反映，很难令人信服；反右扩大化了。如何从我们的经验，联系世界范围内的经验，检验毛主席各个时期的话，哪些说准了，哪些没说准。现在写得还不够。讲错误的趋向，只讲了怎么错了，他还有一些正确的意见，起码这一条：生产资料私有制社会主义改造完成以后，无产阶级与资产阶级在意识形态领域内谁战胜谁的问题没解决，长时间才能解决，历史证明不能说它错误。资产阶级仍可从无产阶级手里把权力夺回去。有些话事后看，防止和平演变，防止资本主义复辟，现在已不只是防止，东欧已经变，苏联也在变。我的印象，这本书只讲了毛主席在这个问题上的错误，没有从国内外历史经验来证明他哪些论点是正确的。也有说一句两句的,说得不够。

第二点意见:十一届三中全会以后,讲赵紫阳在改革开放中,从政治上批评他的错误讲得差不多了,从经济上的批评很少,没有达到应该达到的水平。只说到十三届四中全会讲的改革开放有两种主张:一种是社会主义自我完善,一种是资本主义化。具体讲讲他哪些观点和主张证明是不对的,产生消极影响,好像没有涉及,可能有些困难,有没有可能略举一下,小平同志讲他实际上是资本主义化。

杨尚昆:赵紫阳在经济工作上有哪些方面的问题,现在一下子可能写不清楚,还是粗一些。刚才乔木同志提人的问题,搞多了就有问题来了。一个两个做代表还容易一点,搞多了,有了张三有没有李四。可不可以规定一个杠杠:"文革"前的政治局委员,或者更少一点。不然人家把书上写了看作平反,给谁平反了,为什么不给我平反?一个个纠缠起来问题就很大。"文革"中,向前同志是反对"文革"的,勉强地给他安上一个军队"文革"组长,他不接受,开会不到,但他不说话。陈毅到会必讲,痛快淋漓。向前同志是消极办法抵抗。在"二月逆流"中,他也支持谭震林。

胡乔木:"二月逆流",一些书上说是一个会,其实是两个会,一个在京西宾馆,是军委的会;一个在怀仁堂。

杨尚昆:是两个会。如果大改也不行了,今年总得要出。大改，今年就出不了。后记中可以强调一点：有些事可能写不了。什么事都写进去，好像流水账也不行。每个根据地都可以写上百万字，只能写百把字、千把字，有的提到一句，大的根据地总要提到。

胡乔木：本来我连写信也困难。我有个想法，在书前写个题记，把书的来历、后记中没有说清楚的，写一写。这本书毕竟时间匆促，原来是为纪念建党七十周年出的，现在实际上已成为一本比较好的（本来想说最好的，人家可能不服气）、目前比较好的党史书。因为篇幅和写法都适宜作为党史教材。我估计必然会大量印，一次、两次、三次印。我们认为书中有些地方有待进一步改进，总的说适宜作为党史教材，欢迎大家提意见，表示这是中央党史小组负责的。写这么几句好不好？

邓力群：一、是在两个决议基础上写的。二、中央领导同志文集出版了（注：指毛、周、刘、朱等选集），涉及许多党史问题。三、解放后党史研究工作有了基础，加上各方面著作出来，讨论了很多问题。在这基础上写成这么一部书，很自然，今天比以前的高一些。应该，也这样做了，不是凭空出来的。

胡乔木：写个题记，表示中央党史工作领导小组负责的。

杨尚昆： 我看了一部分。

胡乔木： 七、八、九章，我提的意见比较多，比较详细。有什么大的问题，表示负责任。

杨尚昆： 这是整个组织的问题。

胡乔木： 书稿尽管写得不错，漏洞仍很多，它处于要受攻击的地位。我的意思，我在前面说几句，等于党史领导小组负责。早希望出一部完整的党史，薄老说希望活着时能看到。这本书实现了中央领导同志的愿望，又留有余地。写这么几句，不等于《中国共产党历史》下卷的编写没有迫切性，也对尚昆同志去年的话是个交代。最好哪一位给我起草一下。

有几个地方可以加几句话：一个是关于探索，在探索中曲折前进。为什么要探索？好像写得还不够清楚。八大刚做了总结，全体一致通过，又出现了一些新情况，对这些要讲出一些道理来。在1956、1957年的国际环境下，也许想探索出一种更高的，希望社会主义能够自己巩固这个制度，他（注：指毛主席）希望有更好的办法。当时出现了这个问题。1957年与苏联的争论：和平过渡是不是修正主义？和平过渡到社会主义没有经过证明，事实只是证明不可能。我们不需要在这本书里展开这个争论。将来，社会主义如何过渡到共产主义也是要探索的。列宁也没讲一定要多久。他在《青年团的任务》中说：你们这一代可以看见共产主义。好多同志坚决反对。本来，马克思也是这样想，列宁这样想不奇怪。

杨尚昆：写"九评"时，陈伯达说2000年全世界实现共产主义。

胡绳：从历史发展趋势看，探索是因为否定苏联的模式，要适合中国的情况，比它发展得更快。这有点道理，因为有了苏联的经验教训。改革那些过于集中的苏联做法，当然，在一定历史条件下也必须这样做。

杨尚昆：当时也感到完全按它办不行。我们没有像他们那样过于集中。但苏联当时如果没有高度集中，反法西斯战争未必胜利。

胡乔木：总理去波匈，更加强调必须反冒进，因为波匈就是这样。历史有时不一定完全合乎逻辑。毛主席提出以钢为纲，违反了他的《论十大关系》。他指出，不要轻工业，重工业搞不起来，而在探索中就糊涂了。

胡绳：毛主席认为发动群众就可以使社会主义天下稳定，又走偏了方向。当然他也有正确的方面：搞社会主义要有群众的积极性，社会主义在一定范围内有阶级斗争。

胡乔木：有些问题还需要做点解释，说明改革开放的困难。既要坚持社会主义，又要坚持改革开放，不容易的。

还有，毛主席说：反"左"必出右，反右必出"左"，这是政治上的力学，很自然的。社会主义条件下要改革开放，没有经验，真正是史无前例。以前"大跃进"、全面建设社会主义，真正是没有经验，所以会搞成那样。改革开放，整个是成功的，虽然也出了些问题。历史总要给人教训。不说清楚这点，人家会觉得不可理解。

杨尚昆：今天要算个正式会议，不是座谈会，有决定。

胡乔木：正式由中央党史工作领导小组向中央报告，决定出版《中国共产党的七十年》。

8月9日，胡绳日记："沙、郑、金同来我处，一起工作，复核各章他们修改处。昨晚、今晨已看过一至五章。今日起先看九章，继看六、七章，工作竟日，已毕七章之半。"他对三人说："乔木说这本书至少要用十年，这评价不容易。过去批评不够，表扬也不够，但肯定有时也危险。力群说看得下去，这不容易。"

同天，胡乔木又致胡绳信：

关于1957年预算的争论是一大关键（不必提二十亿元），否则南宁会议无从说起。此点，先念、一波等同志都会记得很清楚的，托人一问便知。

1957年有几个重要事态促使提出总路线、"大跃进":一、反右派胜利本身有很大影响;二、随后整风,各工厂贴了满满的大字报,提出批评建议,认为生产可以大大增加;三、1957年11月莫斯科会议,中国代表团取得意外的胜利,在此气氛下提出苏超美、中超英的口号(苏联卫星上天,举世震动);四、毛主席在三中全会因林铁发言,重提多快好省,大感兴奋。以上气氛充分表现在1958年元旦社论《乘风破浪》中,提出鼓足干劲、力争上游。此为背景材料,只供参考。

8月10日,胡绳日记:"昨夜已读完七章、八章(看玉泉山新修改处)。上午沙、郑、金又来,同工作到十一时,完成全部工作。他们下午出发回北京。至此,《七十年》工作可谓胜利结束,倍感轻松。"我们三人向胡绳告别时,他开玩笑地说了一句:"送瘟神!"可见他确实已筋疲力尽了。

12日,胡绳日记:"早听到广播,有《七十年》出版消息。消息今日见报(沙写的稿子,前天上午送乔公,乔公发出)。"

13日。胡乔木又写信给胡绳,提出继续想到的几点意见(注:文中有〔〕处,是胡绳所注或所改):

"邓小平1975年的整顿和受挫,可列入有关一段的小标题中,在'四人帮'的覆灭之前。因这是一件大事,且与尔后历史发展有重大关系〔P.49，1975年的全面整顿及毛反复〕。"

"关于末了所加国际关系一段，似觉讲得消极了一些。要正面讲〔而不是'尽管……'〕，中国将一如既往，坚持努力与〔改'同'〕世界各国在和平共处五项原则的基础上发展外交关系和经贸、文化关系，将坚持努力与周边国家发展睦邻友好关系，将坚持努力与第三世界……〔发展友好合作关系〕，将坚持努力为维护世界和平、改善南北关系、建立平等互利的国际新秩序做出自己的贡献。我们相信这一切努力都将取得相当的成果，因为这是和整个人类的和平进步的利益相一致的。但是我们也不能不注意到〔一个〕不以人们的意志为转移的〔删'一个重要'〕客观事实是，〔这就是〕西方列强称霸世界和力图用各种手段摧毁社会主义革命的基本政策是不会改变的。因此，中国人民无论何时都必须清醒地认识自己〔所面临〕的〔删'这个'〕严峻的国际环境。"

"周送葬时，西长安街广大群众经久站在街旁路祭（达十里之长？）的事非常动人而著名，似可写入。"

14日，胡绳日记："收党研室送来一波对《七十年》有关新军的记述的修改，有几点意见，当即电话告小于、老沙。"

15日，胡绳日记："乔公改写了题记，晨送来，阅后送力群。乔公又看了第六章，传来几点修改意见，当即电话告郑惠。"胡乔木的《题记》，在《中国共产党的七十年》出版时，就放在卷首。它的全文是：

题 记
胡乔木

在 1990 年 3 月全国党史工作部门负责人座谈会上，尚昆、一波同志都提出要尽快写出一部完整的中共党史的希望（现行党史著作往往只写到 1949 年，少数写到 1956 年，个别写到改革开放）。在这之前，在 1988 年 8 月中央党史工作领导小组第二次会议上，领导小组的同志也曾提出这个任务；当时还考虑最好能写出一部篇幅不太大的党史简本，以便于广大干部、党员阅读。

恰好，建党七十周年的日子临近了，为了纪念这个伟大的节日，中央党史研究室在 1990 年 5 月就集中力量进行《中国共产党的七十年》的编写工作，到去年年底，已写出全部初稿。今年 1 月，在胡绳同志主持下，约请中央宣传部、中央文献研究室两位同志，6 月又约请国务院研究室的一位同志，同中央党史研究室的有关同志一起，进行全书的修改定稿工作。初稿提供资料，设计轮廓，功不可没；但是改定稿的整个水平是大大提高了。经过先后参加编写的十多位同志的共同努力，终于在今年8月完稿；完稿原定的时间推迟了，是为了遵守质量第一的原则的缘故。

我接到这个书稿，很是高兴，觉得它虽然没有能赶在今年7月以前出版，仍然没有失去纪念的意义，而且它的作用不限于节日的纪念，它正好是大家盼望已久的一部中等篇幅的内容比较完善而完整的党史。当然，中等篇幅的党史并不能代替更详细的党史（如中央党史研究室所著的《中国共产党历史》，已成上卷），但是我相信，它的内容也会给尚在编写中的更详细的党史许多帮助。

胡绳同志告诉我，如果因为时间太紧，不能看全部书稿，希望我务必把本书的第七、八、九三章和结束语看一下。我照办了。这三章确实是比较难写好的部分。八大以后的十年曲折很多；"文革"十年是悲惨的十年，但这时期也并非只是漆黑一团；而在改革开放取得伟大成就的十年中，却又出现了两任总书记的严重错误。客观的历史是怎么样，写出来的历史也必须是怎么样。我读了这三章，认为大致可以判断这本书写得比较可读、可信、可取，因为它既实事求是地讲出历史的本然，又实事求是地讲出历史的所以然，夹叙夹议，有质有文，陈言大去，新意迭见，很少沉闷之感。读者会觉得是在读一部明白晓畅而又严谨切实的历史，从中可以吸取营养，引发思考，而不是读的某种"宣传品"。

当然，这部书并不是十全十美。党的七十年历史如此丰富，在一部四五十万字的书中不可能说得面面俱到，这是显而易见的。有所取，必有所舍，有所详，必有所略。但取舍详略之际，考虑间有未周，在所难免。而知人论世之处，作者颇具匠心，究难悉当。至于编辑性的差错，恐怕更少不了。无论如何，写这样的书而能写成这样，是不容易的。虽然文出多人，稿经数易，终得集合众长，统一条理，成为一家之言。积年余之功，竟初创之业，尤属可贵。

说是初创，也许不完全对。写这部书，前人已做了大量的工作，并非白手起家。中央做了两次若干历史问题的决议，使大的是非有了准绳；老一辈无产阶级革命家们的文集先后出版，为党史研究提供了许多指导性意见；多年来许多老同志写了各种形式的回忆录，记载了历史上的许多细节；历史工作者编写了多种党史、军事、政治史、经济史、外交史等等；又有国家保存的大量档案，可资查阅。但是在另一意义上，仍然不妨说本书是初创。真正的史书不是抄抄剪剪就可以"撰"成的。在这以前，如果不是完全没有同样的书，的确没有写得同样好的书。

五 中央党史工作领导小组批准本书出版

中央党史工作领导小组在批准本书出版时,希望它在广泛征求意见的基础上再版时修订得更加完善。我和本书的作者们一样,热切地希望读者、教学者、研究者和熟悉各个时期党史情况的老同志们对本书多加指正,提出种种要求和建议,使本书再版时能得到改进(随着时间的推移,自然还得做必要的增补),以便更好地完成它在九十年代作为一部好的党史读本的使命。进入下个世纪,如果本书作为素材还多少有用,至少书名将改变为《中国共产党的八十年》之类了。但是,话何必说得这么远呢?

1991 年 8 月

胡乔木的夫人谷羽在《五十余年共风雨》中回忆道:"《中国共产党的七十年》的那篇《题记》,开始为了减轻他的负担,请党史研究室的同志代他起草了一稿。他看了之后,亲自动手修改。他反复改了好几遍,才算定稿。定稿几乎是全部重写的。在外人看来,像乔木这样的大手笔,文章还不是一气呵成吗?其实,在我的记忆中,乔木的文章总是一次次修改才能写成,有时直到送去排印时还在修改,几乎没有最后'定稿'的时候。他常说:'我的文章都是改出来。'这篇《题记》是乔木一生写的最后一篇评论文章。后来听说钱锺书读了甚为欣赏,誉之为'思维缜密,辞章考究'。"

六 举行出版座谈会

《七十年》第一批书,是9月6日印出来的。

10月8日,中央党史研究室在人民大会堂举行《中国共产党的七十年》和《中国共产党历史》(上卷)出版座谈会。胡绳、薄一波、胡乔木在会上讲话,王忍之、邢贲思、逄先知等先后发言。

胡绳: 做个简单的汇报。中央党史研究室一直以编写党史为主要任务,1983、1984年就开始了。要写部比较完整的党史,可说难产。最后写出一个上卷,1991年7月由人民出版社出版,篇幅较多,难以作为一般干部、党员的学习材料。中央党史工作领导小组的意见,由党史研究室去年开始着手写一本包括新民主主义革命和社会主义时期的简明的党史。由于7月是党的七十周年,定名如此。1990年5月开始,按提纲写,到今年7月有了初稿。出于众手,有许多行文要改进,特别是建国后四十二年还有许多问题，请中央宣传部、中央文献研究室的同志参加。以后，逐章讨论，该修订的修订，该重写的重写，没有赶时间。7月有了全稿，又核对材料，8月定稿出版。

中央党史工作领导小组很关心这本书。乔木、一波、力群同志都看过部分稿子，提出很好的修改意见。8月8日，尚昆同志主持审议，批准出版，乔木同志写了《题记》。

至于内容，书已出版，希望读者、研究者多加指正。作为编者，不需要说什么话了。

这本书四十多万字要写七十年的历史，每年不到一万字。主观上力求条理清楚、文字精练、有历史感。它不是史论，将事实扼要写出，也不是材料堆积，以两个《决议》为指针。

要说明社会主义是人民的选择、历史的选择。

薄一波：收到书之后，没有全看。重要的章节，从1956年后到"文革"前看了一下。当然，十一届三中全会以后也略略看了一下。觉得不错。当然，根据大家的意见，还要修改，但这本子是比较好的，不错的。

整个说，现在这个时期，要求我们党史工作者把整个中国共产党七十年，特别是最后四十年，要有个很好的说明。因为现在大家要求说清楚社会主义道路是选对的。这一点，不仅国内的研究者这样讲，我看外国的许多研究中国历史的，特别是研究中共党史的，不少人也这样讲的。前天早上，霍普金斯汉学研究所的学者说道，和平演变，苏共解散，他的意见中共解散不了。现在我们面临一个问题：把中国特色的社会主义道路、中国人民选择的这条道路、中国人民认可的这条道路，怎样从历史过程中进行研究探讨，在理论上提高一步。哪一部分感到不够过瘾，已经不错啦，现在能看到的已不简单。时代要求我们能把中国共产党怎么从理论到实践，从实践再到理论，反反复复的，在历史不是一次两次，而是比较复杂曲折的过程，特别是十一届三中全会后变化非常大；要将怎样一步一步提高，从毛主席等老一辈起，到小平同志领导的这个过程，给予更多的说明。

现在出了个《七十年》，拿出许多东西来。最重要的，如头七年，毛主席给我们的过渡时期总任务，这以后，到1956年进入社会主义，过渡时期并不长，七年工夫，我们就进入社会主义。进入社会主义以后，反反复复的，有的是明显错误的，有的从短期看是错误的，但从长远看，从四十年的历史阶段看，我们党还是正确的。这道理如何把它说清楚。这些曲折、错误的时间不很短，将近二十年工夫。《关于建国以来党的若干历史问题的决议》已经把它说清楚了。

到十一届三中全会以后，把过渡时期有些东西又提出来了。比如经济成分上说，过去消灭了的后来又有了。资产阶级，尽管性质上称为各种经济成分同时并存，那时取消了，现在自动又恢复了。从家庭联产承包责任制，到经济特区，三资企业、私人企业、个体户，开始谨慎地提：个体户最初可雇工二到七人，现在私人企业，到七千人的也有。也允许三资企业，外国资本来合资或独资经营，这确令人不易理解，对不对？是对的。对的表现在，十二年来经济发展了，人民生活改善了，但也出现了许多东西：自由化。特别是六四以前一个时期，不是强调四项基本原则，特别是人民民主专政任何时候不能放弃吗？这是对的。

六四期间采取的方式，当时同志中有些人不大理解：这样做好不好？但到了东欧变化后，反过来看，那时没含糊，还是对的。有一个错误：今后不要让事态发展得那么大了才解决，这时解决问题，代价就大了，以后作为经验教训。今后考虑如何将问题消除在萌芽状态。研究就是要反反复复多次，一步比一步提高。希望《七十年》要坚持社会主义道路。能够用这本书，经过研究，大家读，知道为什么中国人要走社会主义道路。这是一点。

这个中国特色的社会主义到底有什么特色？要进一步说明。现在中国的发展，国内国外也是奇怪的。"毛泽东"这三个字，经过"文革"以后低了一点，现在慢慢又高起来了。历史理论同实践也要经过这一段那一段的反复才能认识清楚。国外学者成本成本地写书。我们要从实践到理论，再从理论到实践，回答一些重要问题。

我赞成这本书。看了一些章，好的，解决了问题的。当然，解决得够不够是另外的问题。对问题的反复认识还会有些变化。现在的历史每天在变化，我们可能还会有新的看法。现在有了新的起点，新的开始。乔木的《题记》写得很好，开个会鼓励鼓励。

胡乔木：《七十年》印了五百万册，党史上卷印了二十万册。在广东，一抢而空，大概是现在非常需要。这证明：一是读书者需要这样的书来了解党的历史；二是这两本书比较认真，比较能满足需要；三是尽管现在出版业不景气，许多好书不易出版，但只要确实为群众广泛需要的好书，读者是愿意买来读的。

我把《七十年》看完了。写《题记》的时候只看了七、八、九章和结束语。全书确实把七十年历史简要地写出来了：党进行了哪些斗争，取得了什么成绩。书中大致写得一目了然，没有吞吞吐吐，躲躲闪闪，没歪曲，没夸大。这使我看了很高兴。

当然，党的历史上的大问题，党中央做了明确结论。但这本书的特点是不满足于重复已有的结论与研究成果。作者就党的发展中许多细节，独立做出判断，用的资料很多。行文夹叙夹议，是贯穿全书的另一特点，这也是使我高兴的。

只叙述,难免沉闷枯燥。"夹叙夹议",有些议论就在字里行间,同叙述分不开。希望以后同类著作都能采取这种写法。这书对党史提出不少新颖的见解,如30年代国民党统治区工作中的上海文化界,如胡愈之、陈翰笙同志的工作,是过去很少注意到的,写得很好。第七章在探索中曲折发展,这段历史难写。这本书不仅提出事实,而且做了确切的解释。

这两本书的成功,一波、尚昆同志首先提出要写出一本完整的党史,希望在活着时能看到。这对党史研究室是很大的督促。这两本书自然还有不足的地方,还可以改进。对《七十年》,党史工作领导小组希望多听取意见,适当时候修订再版。这同样适合于中共党史上卷。

这两本书的成功,表明学术界、理论界有工作能力,还可以同样写出更多的好书来。现在有的是没有得到必要的指导与支持,没有得到充分的发挥。如《马克思主义入门》《毛泽东思想概论》《中国国情》。这些是广大读者所迫切需要的。不是没有写,但写得不够使人满意。就拿1989年的风波,也没有权威性的有深入分析与充分资料的书。马克思写《路易·波拿巴的雾月十八日》,离发生时没隔多少时间。在自己国内,我们缺少真正可以信赖的书。所以不但是读者也是党和国家的需要。书目还可以列出很多,问题是要有人出来组织和支持。希望中宣部牵头,把这样的书拿出来，一、二、三年都可以。有《七十年》的先例，使我们有信心这样要求。

时任中央宣传部部长的王忍之在发言中提出："有一点小意见：《七十年》四十多万字，对基层干部、一般读者还是分量大了，建议搞个简本，十五万字左右。"胡绳把这工作交给我和沙健孙，他自己也动手，不是另写一本更加简明的，而是将《七十年》更加删繁就简。我尝试着做了，在年底送给胡绳。他在1992年1月7日的日记中记道："看完了冲及改缩编的《七十年》的几章，明日可送出，晚上他打来电话。"我偶然找到他在当天给我的一封信：

冲及同志：

　　缩编二、三、四章已陆续看过，有些地方，觉得可以少删几行；有些地方，觉删节后交代不清，稍加几个字。但因不是逐段逐句细看，是否改得均妥当，请再斟酌一下。我用的是红笔，很容易看出来。对结束语，我也删节了一些，但删的不多，亦请过目。阅正后，请交沙阅，看能否体例一致——至少先求新民主主义革命部分有统一规格。祝好。

胡绳
1.7.1992

这件事后来怎么样，我已毫无印象。可能是试了一下，发觉难以改出一本令人满意的十五万字的简本，也就不了了之。

在我的笔记本上还记了1992年初。中央文献研究室在编《毛泽东文集》时，逄先知、冯蕙和我到胡乔木家去汇报《文集》准备怎么编。胡乔木听后说：就这样办，问题在做的过程中解决。选目，现在空谈没有用。接着他又谈了一些对党史的想法，其中也谈到《七十年》。现在把它抄在下面，作为结束：

《中国共产党的七十年》在一点上没有讲清楚：毛主席在解放后哪些问题上做对了，后来为什么一步步走错了？他基本上是在群众性的革命战争中过来的，他把这个经验永久化了，用这个办法对待建设工作就搞坏了。人民公社确实就有这个性质。他很喜欢农民，喜欢白天劳动，累了就在地头睡。他把这个叫作"摩天吸地"，有点浪漫主义。想起来确实很浪漫，而农民本来并不浪漫。他的想法从哪里来的？不是天上掉下来的。他的一生，在革命战争中花的精力和心血太多，那段历史是他亲手创造的，不太容易转过来，适应和平建设。周恩来、陈云、小平同志他们比较能适应。年龄大了也有关系，新的东西不太容易熟悉。

解放初,他说工厂是什么东西,他很想知道。有一次他要我找电影局,拍个电影讲讲怎么办工厂。蔡楚生他们说这个可以拍幻灯片,电影没法办。这确实反映了他的一种愿望。我们劝他多去看看工厂。他说现在去,是我看工厂,还是工厂看我?这方面他没有下功夫。经济建设中的问题,特别是工业,他不容易钻进去,也可以说没有怎么钻,缺少真正的直接体会,不能说有了《论十大关系》那些,经济建设整个方针问题都解决了。

还有成本核算,1958年以后他察觉到了这个问题。他的主要精力是放在农村。对整个国民经济怎么才能好,他没有多少概念。所以他领导"四清",虽然也说了,实际上不太考虑经济的后果,"文革"时更不必说了。不能把他在经济建设以后的指导,评价过分。

《财政问题和经济问题》这本书(注:这原来是一本书,在《毛选》中只选了它的前言),主要是李富春写的,毛主席自己写的是《毛选》里选的那篇前言。我看过那个稿子,其他内容他看不进去,后来他也不愿意印那本书。毛主席自己说:从政治上看问题,我的兴趣在这里。

附　录

附录一

　　我的笔记本上还有胡乔木的三篇讲话，不是直接谈《中国共产党的七十年》的，但内容同这本书都有关，时间相隔也不远，所以收在这里作为附录。

写党史要有三个新的态度

胡乔木

　　这是胡乔木在1988年9月8日就《中国共产党历史》上卷书稿修改问题与两三个有关同志的谈话。我因为胡乔木要我参加了上卷第二编的修改，所以也参加了。《胡乔木谈党史》一书收入了这篇讲话的记录稿。现根据我当时的记录，进行了校核和补充，供读者参考。

　　在这次谈话前半个多月，也就是这年8月20日，他找几个人去做了次不长的谈话。我在笔记本上留下了一些记录，现引如下："对形势要客观分析，将客观的东西弄清楚了，就好办了。党史本身的脉络要理清楚，有些要有述有议，有血有肉。还要很好地选材料，有些让人有身临其境感觉的东西要写进去。我们党的历史有许多可歌可泣的人、事、文，都要写进去，让人看来非常精彩，打动人心，使人看了感动。有的书引了些歌谣，就有感情。不是出难题，而是要有这个志气。大革命失败，对党来说是一部伤心史，要使人看了有伤心之处。悲壮的历史，要有悲壮的文字来表达。现在接触第一手材料少，这不仅学术价值差，阅读价值也差。《西行漫记》有阅读价值，主要是把观点、材料搞得很清楚。每段都要有点特点，这很重要。"

（先讲到河南人民出版社出版的一套有关民国史的丛书）

出版社有个"好处"是多元。只要找到作者，肯下功夫努力就可以出书。这套书的质量也不那么整齐，有的书下的功夫大些，有的书潦草一些。讲五四以来政派的那本书没说出什么名堂，就是按一个个思潮去编，结果有的政派没有写出个所以然来。比方说无政府党，现在没有一本书写这个。当然它不是严格的政党，但它有过一批活动家，有些人牺牲了。联省自治,好政府主义,不能成为政派。而没有讲政学会。书名倒很吸引人。瞿秋白传收集的资料比较多,对瞿的评价有点凡好话都说到他身上,常州是好地方,瞿家是好人家,但作者毕竟到处收集了材料。

"三二〇事件"中蒋介石也很恐慌,成天担心要把他赶走,他自己也准备走,那时如果共产党比较强硬,局面就会不同。无论如何,当把李之龙抓起来、把苏联顾问包围起来时,我们党这时候完全有理由反击。这是国际问题,因为苏联是援助国民党的。一强硬,至少可以把蒋介石那个职务免掉。孙中山成立黄埔军校时,原来不是让蒋介石当校长,是让蒋介石当副校长,要程潜当校长,蒋介石不干,才当上校长的。当时如果真的把蒋介石的什么职务免掉,当然搞出来的人还是会反共的,但是力量就分散了。主要是共产党要把脚跟站稳,不能随便受欺负。以后许多事,一软,一碰就缩回去,就会一步一步受人欺负。蒋介石要吃掉共产党这观点早就说过:共产党员要不就全部加入国民党,退出共产党,要不就全部分出去。这话他已经摆出来了,蒋介石的立场很明显,共产党没有注意。所以当时共产党硬一下,究竟什么结果不好说,但硬一下的可能是完全有的,并不是完全没有。共产党为什么没有硬一下呢?因为本身就相当混乱,相当软弱。这个软弱也很自然，因为共产党不像国民党，没有什么政治经验，就是搞工人运动、学生运动，其他经验没有，所以真到与国民党合作，究竟怎么办，本来没有明确的章程。要反击蒋介石，在党内没有这种思想准备，虽然有些同志提出来，但党的思想上没有这种准备。汪精卫也没有准备，也不敢跟汪精卫谈这些问题。这不仅是陈独秀一个人的问题。比如说陈延年其他方面比较坚决，但是他也没有准备，苏联顾问也没有准备。在那种状态下，共产党员不可能做到你要打我，我就打你。这话要在很晚以后打了那么多年仗才能说出来。不受蒋介石威胁，不买他的账，就要求共产党有一个坚强的领导核心。不买账，谁不买账呢？周恩来没有这种地位。即使有这种地位，也要征求党内其他同志的意见。

党史不必在这方面展开，但历史事件一步一步演变，脉络要写得清楚。在讲新民主主义论这一段，介绍了《新民主主义论》《中国革命和中国共产党》《〈共产党人〉发刊词》这三篇，分量太重了，大家都知道，看到这里就不想看了。怎样从文山会海的格局中走出来，使人读起来一方面感到轻松，另一方面感到是老的历史有新的探索、新的见解、新的表述，这样才会对书有新的评价。当然，还会找出这样那样的毛病。但作为一部历史著作，有一种官方档案汇编的感觉，要走出一条新的路子。这个走，要花很大的气力。每个问题都要想清楚。很熟悉材料，才能提出新的表述方法，否则不敢往上提，因为不熟悉，怕站不住，提出来人家就会反对。

现在的写法是摆材料多，思想体现不够。有些事，可以把当时的争论写出来，不必说是哪一个人。红军从南昌起义开始就是人民军队，这是就党的领导来说的，但党的领导并不只是一个组织的概念，有共产党员在那里领导还不够，真正形成一支人民军队是很难的，还要做许多事情。这里用不着处处标出来，说毛泽东的意见如何正确。要搞根据地，要有土地政策，要有政权，军队与党、与人民是什么关系，这不是三言两语所能说清楚的。在实际斗争中，旧的习惯、旧的传统是非常顽固的，要改变是很困难的。如官兵关系、军民关系等问题都很复杂，单靠"打得赢就打，打不赢就走"并不能解决这些问题。"打得赢就打，打不赢就走"可以解决打仗的问题，并没有解决要不要革命根据地的问题。根本不要根据地打仗，它一样可以适用。提出军事方针是重要的，但不够。如果停留在这个水平，红军发展不起来，根据地也不可能形成，抗日战争也搞不起来；抗日战争搞不起来，解放战争也搞不起来。抗日战争为什么能搞起来？因为已经有了这样一套传统办法，有了这么一套法宝了。确实是星星之火，慢慢摸索出一条路来。遇到敌人怎么办？就得依靠群众。依靠群众不很容易。

怎么依靠法？说农村工作要成为中心，军事工作要成为中心，如果孤立地提这种问题，还是成不了中心。要成为中心不是很容易的。城市工作固然很困难，农村工作也很困难。没有军队不行，有了军队还会有许多困难。南昌起义的军队，从后来的经验看，应该到农村去。如果真的到农村去，一时也不会有很好的结果，可能保存的军队多一些，但不一定会打胜仗的。因为不是马上就可以把根据地搞好，武装斗争与农村根据地建设不是一下子就能结合好。遇到困难没有办法就搞一省数省首先胜利。你也不能说他不是把重点放到农村。以农村为中心这套想法是一个实践的过程，毛泽东本人也有一个实践的过程。党在革命实践过程中、探索过程中，发生争论是很自然的，不发生争论倒是不可思议的。把这一争论写清楚了，就能讲清楚红军是如何发展的。

抗战时期，西安事变中蒋介石答应的事，或者说宋子文答应的东西，等到张学良陪蒋介石到南京，统统变了。比如释放爱国领袖，直到七七事变以后，7月下旬才释放。那时不释放也没有办法了，苏州都保不住了，他遇到危机了。很多共产党员也是到那时才被释放，要不国民党还不释放呢。八一三以后，国民党不得不答应八路军的番号，但要它开赴前线时必须经过什么路线，还是要把它一个一个地消灭掉。所以抗战一开始,斗争就很尖锐,很困难。不能造成这样一种印象,好像抗日战争初期国共关系是很好的。不是那么一回事。蒋介石在西安事变中不肯在谈判协议上签字,说如果签了字,他就不再是领袖了,威信扫地了。实际上是假的,他答应的随时是要翻的。王明对国民党存在幻想。他根本不了解国内政治,他写了《三月政治局会议总结》,以后国民党毫无反应。知道王明没有多大用处,并不给他什么好处。他的文章发表后不久,国民党就宣传一个党、一个领袖、一个主义。所以毛主席经常讲这样的话:胭脂水粉,梳妆打扮,送上门来,一个巴掌打将过去。蒋介石还要共产党、国民党组织国民革命同盟会,由他做主席。当时共产党赞成,拟定了共同纲领,蒋介石看了,还改了几个字,但他还是不签字。这说明对国民党,我们不是故意丑化它,它本来就是这样。共产党如果不采取以斗争求团结的方针,八年的抗战局面都维持不了,和平民主新阶段也实现不了。虽说不能从中山舰那时算起,但也差不多。蒋介石每一次胜利了,就一步一步地压制共产党,以不变应万变。这说明阶级斗争不是人为造成的,不是共产党造出来的,而是客观存在的事实。

对于这个书稿,我看完以后想了那么一些意见。不过这些意见是否有道理,能不能做到,可行性怎么样,不是很容易的,还要请你们考虑。

党史要跟政治史、军事史相区别。党史是党史,跟党史关系太远的事情,就不能占党史那么多的篇幅。比如说抗战初期描写正面战场的篇幅太多了,党史不是抗日战争史。像辛亥革命后的中国社会,篇幅也是太多了些。因为只要写出党成立的根据是什么就可以了。中国反帝、反封建的民主革命问题没有解决,中国有了资本主义,有了资产阶级,有了工人阶级,有了马克思主义,有了反帝、反封建斗争,这样,党产生了。所以写法上,最好不拿出单独的一块来讲辛亥革命。因为党史有一个特殊的体裁,自始至终应有一个统一的体裁。每个时期的政治形势要交代清楚。这是从形势来说,不是叙述那些政治军事事件本身。

我们现在写的党史,要考虑到现在的形势,要有一些新的面目。一个要多用新的事实,对于这些事实要有新的见解,对事实的描述和分析要有新的认识、新的思想,并且充分利用现有的材料。已经发表的材料和没有发表的材料都要用得比较充分。这样,表明党史是在掌握了充分材料的基础上写的。包括尽量地利用党外的和国外的记录、述评、评论。这样说明党在80年代出的党史,对共产党历史的研究,超出了原有的水平。这不是我们自己在拔高,而是水涨船高,已经有那么多水了嘛!我们不能在水平面之下，船要比水面高。如果我们没有充分占有水的浮力，就会落到水平面下面去了。

这是从书的一般的写作方面来说的。

从内容上来说，从实质上来说，我们要有些新的态度，什么新的态度呢？

第一，要讲清楚党在人民中间奋斗，是在群众斗争的基础上引导斗争，密切地依靠群众取得胜利的。党的斗争不能跟人民的斗争分开。有些人民斗争跟党没有关系，这是因为党的力量不够，或者因为党的政策不对，党没有跟人民斗争去联系。这些也应该说清楚。有些不是因为我们的政策，而是因为我们的力量达不到。有些人民斗争是独立的，在我们写党史的时候，要意识到存在这样的斗争。要给读者一种印象：读了以后感到共产党是尊重人民的。他们写的历史是尊重人民的，并不是眼睛只看着自己，就像照镜子，只看到自己，而是左顾右盼。人民斗争跟党有联系的也很多，这是主体。联系也有正确不正确、充分不充分的问题。人民发生什么变化，党是不是意识到跟上这个变化，这是判断党的领导是不是正确的。历史的事实也证明，人民的斗争得不到共产党的支持，得不到共产党的领导，这个斗争发展不起来，会失败。我看了《蒋介石生平》里面讲了四个青年暗杀汪精卫的事。他们本来是暗杀蒋介石，因为蒋介石没有出面，没有办法，只好改变主意。因为行刺的主角已经服了毒药，如果枪不发，他也完了，只好打了汪精卫。这四个青年一个死了，有一个后来到了延安，加入了共产党。当然，这算不上什么了不得的人民斗争，但说明这四个青年人认为蒋介石是中华民族的敌人，不消灭蒋介石，中国就没有出路。跟这件事相类似的，比如续范亭到中山陵剖腹自杀，就是反映了人民的一种情绪。对于人民的这样一种强烈的情绪，对于国民党的统治不能忍受的情绪，在我们这本书里表现太少。以为这跟共产党没有关系，所以在党史里没有地位。我觉得我们应当写。把人民的情况，人民生活在水深火热之中要求斗争的情况，在每个时期都把它表现出来。在这种情况下，共产党就有责任，应当把自己的工作做好，应当深入群众，应当反映群众这种革命的要求，加强跟群众的联系。我想我们现在写党史时，要有这么一种精神。全书要有这么一种精神，这样，国民党也好，美国人也好，随便哪一个人，对党有这样那样意见的人，他看了党史后，觉得是把人民放在书的中心。写党史，党不能离开人民。

第二，党是依靠跟党密切合作的人共同奋斗的，跟共产党合作的人应当在党史里有他的地位。其中有些人后来加入了共产党，没有加入共产党的那些人，也是共产党的亲密战友。比如说宋庆龄，宋庆龄同志在内战时期大部分时间是跟共产党有联系的，在上海的时候，她做了很多的工作，但是在党史里面没有表现。还有鲁迅，转变以后的鲁迅完全是跟共产党密切联系进行工作的，鲁迅成了地下共产党员找关系的一个联络站，哪个人失掉了关系就找鲁迅。从中央苏区或者是其他苏区，或者是延安到上海的共产党人，就找鲁迅。像这样重要的人物，他的活动应该是党史的内容，不应当把他撇开。不应当仅仅说他的左翼文艺活动，那仅仅是一小部分。共产党应该有这种胸怀。这还不仅仅是个胸怀的问题，应该完全有这种立场。他们的工作是党史不可分割的一部分。像这样的人，宋庆龄、鲁迅，当然是突出的，以后还有邹韬奋、沈钧儒等。邹韬奋后来完全是按共产党的要求去活动的，一举一动都按党的指示做的。就是没有和党发生关系的时候，他的活动我们也应该表现。国民党左派如武汉时期的陈友仁，是应该歌颂的，当时他反帝是很坚决的，以后表现也不错。西安事变，是许多共产党员和党外人士长期做工作的结果，如阎宝航、高崇民、杜重远。到后来政协中民主党派的斗争，都应该成为这本书的正式的篇幅，不是捎带说说的。当然也不是说他们同共产党一样，他们是和共产党一起合作的。共产党的斗争不能离开他们。如果不写这些人，会显得我们有宗派情绪，有一种狭隘的观点。这些人没有加入共产党，但他们的活动跟党的方向是一致的。这样的人，无论哪个时期都很多，我们在党史里面不可能都写，但有些重要的应该写。

邹韬奋的影响，联系群众之广，那是很少有人比得上的。他办《生活周刊》，然后办生活书店，办《大众生活》，《大众生活》之前有《新生》。以后，在内战时期的流亡，后来在抗战时期国民党就把他当作一个眼中钉，就想把他拔掉。对他的压迫跟对共产党人是一样的，这样的共产主义者，因为他当时不是党员就不写他，不给他一个充分的表述，只是在讲到"七君子"时带过一下。如果是这样的党史，人民不能接受，不公道，不公平。

第三，是党的广大干部和党员。党中央当然是最重要的，但是党中央离开干部和党员就无法使革命发展。所以，我想要有意识地多写一批党的优秀干部、各个革命时期起了重要作用的人物。虽然不可能详细地写，但是应该提到。也要选择一些普通的党员加以描写。这样，党的历史就不是一条线的历史，也不是一个面的历史，而是立体的。比方说解放上海。如果没有广大的工人、党员保护工厂，帮助解放军做各种工作，那么上海的解放就要付出更多的代价，大批的工厂就要被破坏。在写解放重庆时，《红岩》描写的，有些就不能不写，不简单地是解放军占领重庆，还有国民党把杨虎城杀害，那么多党员被屠杀。其他地方也要写普通党员的斗争。土地革命战争时期有很多普通党员做了很多出色的贡献。特别是抗日战争、解放战争时期，要写每个游击区、根据地，游击区转变为根据地的普通党员。当时共产党员怎样跟人民血肉相连，那么多的群众宁可冒生命危险来掩护、接济他们。在这方面要有生动的描写。共产党的威信为什么那么高？就是因为党员与广大人民建立了这种鱼水关系。现在党的威信之所以下降，也就是因为没有能够继续发扬这个传统。所以，党史也应该在这个方面成为有非常大教育意义的著作。

要描写党员怎样在人民群众支持下进行非常艰苦的工作，有很大的困难。究竟写谁，写什么地方，哪一个支部，这要有点安排，有点挑选。首先要提出这个任务，至于怎么挑选，怎么安排，可以再研究。如果不提出这个任务，那么，党史就没有这些人的形象，有些人的事迹非常动人。写出这些人，才能写出根据地、游击战争，写出抗日战争为什么能坚持、解放战争为什么能胜利，不仅是军事上战略上的成功。党的历史是群众的历史，也是大量普普通通的共产党员的历史，不仅仅是党中央几个人的历史。党中央领导得正确就是能够使得这些共产党员的积极性发挥出来,而且能够有效地在历史上起作用。

　　刚才我说了,党史应该有新的材料,新的观点,新的态度,党史是人民构成的历史,跟人民斗争的历史分不开,我们要在人民斗争历史的背景下写党史,党中央和领导人要写,但是要避免分量太大。早已做了结论的问题当然不可能不重复,但是要尽量地减少一些,避免过于重复。不然,不用看党史,只要看决议、毛选就行了。对于某一个时期的论断,最好减少"一、二、三、四"这种形式的论断,列举出来,而且按顺序排列好。这样好像就是结论,就是权威,但历史研究永远没有最后一页,是不断发展的。当然要有论断,但不要表现出一种姿态,好像在下最后结论。这样给人一种感觉,好像你是在做法院判决,不是让人家来思考,只是让人家接受。我们的党史是开放式的,不是企图把所有的问题全部分析完,谁也不可能把所有的问题都分析完。用这种写法,好像不要读者去思考了,好像我们就代他思考好了。这些结论都不能动摇了。要避免采取这种形式。我们的论断要更多地采用现有的材料、客观的材料,不但是党中央的决定、领导人的著作。比方说蒋介石自己的话,美国人的评论,还有国民党中比较公平的人的话。比方说张治中的回忆录、李宗仁的回忆录,其他在台湾和美国写的,就可以利用。如果像这样一批人写出来的东西，我们也尊重，也使用，这才是历史的公正的证言。我们跟这些证人共同来探讨历史，分析历史。不是说别人的东西都不行，我才能够做最后的判断，最权威的判断。没有这种权威，权威就是人民，权威就是科学，就是对于历史所做的科学研究。这样使党史避免一种硬邦邦的强迫别人接受的感觉，多采取一种民主的、科学的态度。

马克思主义经典中一些对于历史观点的表述，我们要利用，这本书现在利用得不够。也要利用其他人的表述，如果他们不是马克思主义者，但这见解是正确的，也要利用。即使是历史上几千年几百年以前的人物，或者是外国的非马克思主义者的表述，都可以利用。这样，我们写党史，是在讨论历史，对于历史做出规律性的表述。已经有的正确的东西，我们要尽量地利用，这个利用不是大段大段地引用，而是信手拈来，自然地引用。这样，使得读者读党史后，可以得到一种对历史的发展和历史的认识的智慧，增进这种智慧。我们的党史要写得让那些对党史没有多少兴趣的普通读者，读了也有所收获，他觉得总结了历史的教训，这种教训不是干巴巴的文山会海、谁是谁非，要使任何一个愿意从历史中吸取智慧的人，都可以有收获。也不是只讲共产党方面的事，讲国民党的历史，讲某个政治人物的成败，或者说美国的外交政策的成败，日本对中国政策的成败,都要用这样一种写法,抗日战争就可以引用日本的比较公正的作家或政治家的判断。抗日战争要给读者一种认识,日本帝国主义对中国的侵略是怎么回事,为什么如此,可惜我们的书在这方面说得很少。日本当时为什么采取侵略的方针,日本天皇至上的军国主义思想同日本资本主义的发展和要求,以及法西斯主义的思想有什么关系,在这方面应该有些判断。对美国的政策,后来解放战争时期的对华政策是怎么一回事。美国在这方面的论著很多。国民党为什么失败,共产党为什么得人心,都有许多分析,要引用多方面的材料来阐明我们的观点。这样就使得党史不拒人于千里之外。你不是共产主义者,照样可以看得津津有味。要有这么一种态度,要用这么一种方式来写。

我们对于所涉及的,对党本身,对国内的各种政治派别、政治集团(比如说国民党)、政治人物,都要有一个公正的态度,不是因为是中共中央党史研究室出来的书,所以共产党都是好的,党的领导人都是正确的,蒋介石就是反动的。蒋介石本来就是反动的。但是,比方说蒋介石在日本侵略以后,九一八以后到七七中间,他是不抵抗的。他不抵抗并不是就表示要投降,他是准备随时跟日本人妥协的。日本人却始终认为蒋介石和国民党是日本人的祸害,要跟他争，没有信任他。国民党不管怎么样，究竟不是汉奸组织，蒋介石还是不想做汉奸的。他很动摇，认为抗日要失败，但他并没有打算投降。在抗日战争中也是这样，日本多次拉拢他，跟他进行谈判，最后还是没有谈成。没有谈成的关键在于他不愿意做卖国贼，他跟汪精卫还是不一样。蒋介石投靠美国，也不等于就是美国的走狗，跟美国的垄断集团还有一些矛盾。在这个方面，我们还是要尽可能地说得公正。这当然不是靠议论，而是在叙述事实中说清楚。

蒋介石宣传法西斯主义，在中国很长时间，并且在组织上采取了很多的步骤，组织各种特务机关，军统、中统，这方面应该说，应该着重地说。但是他没有能够在中国完全实行法西斯主义。这有种种原因，他做不到。他很想做，不是不想做，可是他不能做到。这是客观的限制。他对共产党、民主党派最讨厌的就是这一点。虽然暗杀了闻一多、李公朴，战前还杀了邓演达、史量才、杨杏佛等人，但是还不能够把所有这些人都抓起来杀掉。他并不是不能把这些人抓起来，比方说，把"七君子"关起来了，他就不敢杀。这就叫作形格势禁，不可能。历史就是这样。不是说他有一种想法，他就能够实现。对国民党里面的各种人物，都要采取这么一种态度。对共产党里面的人物也要采取同样的一种公正的态度。他所企图做的，他实际上所能做的，他不能做到的，都要分析。

对一些国家，比如说日本、美国、苏联，也要采取这种态度。苏联在解放战争中对于中国革命有保留态度，这有一定的历史条件。中国革命确实在世界近代历史上是一个新的事物，这样一个很落后的半殖民地国家，主要依靠农民来支持中国革命。大革命失败后的历史就是这样。从斯大林的眼光看来，很难接受，他不能了解中国，因为中国这样的历史太特殊了，在历史上可能是反常的。美国人也没有了解，苏联也不了解。这很自然。苏联跟美国不同。在解放战争时期，国民党不能占领哈尔滨，苏联还是起了很大作用，这还是要承认，要把它讲出来。三大战役中两大战役都是四野参加的。这在历史上还是要有一种公平态度。这本书，我们要尽量写得客观、求实，不抱任何偏见，按照历史原来的面目写出来。

对党的工作、活动要用一种引起人同情的叙述，要令人信服，从头到尾都要采取这样的态度，不要强加于人。对于有些敏感的措辞、说法，要很慎重，要很适当。比如共产党在国民党里面的领导权，这个话要说得很适当。因为加入国民党，你要去领导，当然陈独秀是不同意的。我们和他是完全不同的观点。当时共产党很多人讲过这个道理，什么党团作用啦，等等。国民党为什么怕共产党，共产党为什么要在国民党里面发展，而且我们现在批评没有掌握军权，没有掌握政权。像这样措辞的表达，要很注意。不要给人一种印象，好像共产党就只是要夺取权力，什么手段都能用，搞阴谋。党外的人士很容易这样想，跟共产党合作到底不容易，这固然有那些人本身的弱点，他不能革命到底，但另外一方面党内对他们的政策也有问题。

我们写党史的时候，没有把宋庆龄、鲁迅、邹韬奋这些人摆在适当的地位，这不是表现关门主义很厉害吗？我们写党史的人并没有权力。假如我们有权力，那么，你看就是这样，所谓"过河拆桥"。我们现在不是解决具体问题，不是做实际工作，是写党史。写党史的时候，我们要避免给人的印象：共产党不讲情义。共产党是很讲情义的，你看张学良陪蒋介石到南京，当时我们非常不同意。事先我们不知道，知道了决不会同意，因为我们对蒋介石有充分的经验，而张学良的思想比较简单。他对蒋介石的西安事变，到最后才下决心，一直到蒋介石那里苦苦哀求，痛哭陈词，以为那样能够最后说动蒋介石。张学良是在劝说无效后才下了决心。可是他对蒋介石的态度，还是受那种旧道德的传统影响，还要忠于他的上司。蒋介石对其他所有的人都是那样，要利用的时候，就卑躬屈膝，不得了，像武汉时期对冯玉祥。等到利用过了，那真是过河拆桥，马上就翻脸不认人了。我们党的历史上，我们对一些犯过错误的同志，如果采取那样的态度，我们现在也认为不应该。我们对邓演达要做适当的评价，也应该实事求是。他是革命家，他忠于他的原则。这并不是说他接受了共产主义。当然，这也很难说，假如武汉时期我们支持邓演达，不支持汪精卫，也可能会起变化，也可能像宋庆龄一样。宋庆龄也不是说对共产党所做的事都满意。她也是有保留的。后来，她就完全跟共产党走到一起了。所以得看是在什么时候。

涉及这类事情很多。比方说我们利用什么事情来做掩护，这是常有的事情。群众斗争是党领导的，这些话，都要说得很适当。要使参加这个运动的人，以及今天的老百姓、今天的大学生，他们都能接受。他们不要说，哎呀，是不是又被共产党利用了。说党在群众运动中发挥了核心作用，这方面要说得很适当。因为有些话我们用惯了，不知不觉随时会流露出来，就会引起人们的反感。把事实说清楚了就行了，不要在这里面留下一些疙瘩，使读者对共产党产生不信任的感觉。我们要通过这本书的叙述，使读者对共产党有一种所谓油然的信服。这个信服是很自然的。要说清楚，哪些是必须这样干的，不能不做的，如果不这样做，就是对人民犯罪。整部书要让人信服，而不是强加于人。

历史发展到1949年，共产党付出了最大的代价，共产党的胜利是不可避免的。竺可桢的日记里面写了，他在上海解放的时候住在上海，听打炮，炮声不响了，后来家里人告诉他，上海已经解放了。他出去一看，解放军夜里都睡在马路上。他在日记里说，国民党必然要失败，共产党必然要胜利。这种事实非常有说服力，实际上也说服了很多人。像竺可桢日记，我是偶然看到的。其他人同样表述的地方大概也很多。所以，要使得我们的书有说服力，就要用历史本身来说话。不要我们在历史旁边做旁白。旁白有时候需要，但说得太多了，那就没有必要了。还是要看戏，不要听旁白，旁白太多了不好。整部书要能够写成这样。对于一些事情需要分析的，尽量地利用多方面的表述。而且，编著者自己可以有分析，因为很多的分析还没有做出，很多的历史事件还没有做出适当的评价。就是已经做过评价的还有一些新的角度没有采用，还可以说出许多新的意思。这本书不是做文章，而是必要时点出来。比如说，解放战争的胜利，当时的整个国际形势，以及中国革命的胜利在国际上引起的变化，这是过去讲过的。但我们现在可以用更加客观、更加周到的方式来说明。我们可以说的话还是很多，但要尽量让历史本身来说话，让群众来做出他们的判断。我们呢？把它组织起来，编纂起来，这样这本书就会给人完全新的印象，而不是把早已说过的话重新拿出来抄。因为要把这二三十年的历史有头有尾地叙述一遍，忠实于客观的历史，站在马克思主义的立场上，不是用口头的词句，而是实际的叙述、科学的分析，这样的著作还是没有的。所以不发愁我们的书难写，写不成，肯定有一些是我们过去没有探讨过的新领域。刚才我说会遇到很多困难，不过这些困难是可以克服的，也不是全要用新的材料。从我们现有的材料里去做一番选择，我们会找出我们需要的材料。当然这是相当艰苦的工作，现在的书稿还是完全可以做基础。

土地革命战争时期，国民党统治区的工作、人民的抗日斗争，应该单独写一部分，因为这是当时中国大部分人民参加的，是十年的历史，我们要尊重这个时期人民的活动。不然的话，好像那些人都不存在，是个影子。实际上可写的东西很多，特别是抗日斗争。从义勇军到抗日联军，这本书上的位置摆得不好。到七七的时候，抗日联军的高潮已经过去，到1938年的时候，已经到了尾声了，所以抗联的斗争应当写在土地革命战争时期。东北的抗日斗争从义勇军开始一直写到抗日联军。那么抗战以后呢？也还是要适当地写。一·二八抗战时，党中央在上海做了很多工作，对十九路军做了许多的工作。上海当时成立了反日会。上海反日会是一个半公开的群众组织，当时的规模虽然比不上五卅运动时期，还是有相当广泛的群众参加的。那往后就是抗日同盟军，共产党员是直接参加的。党和抗日同盟军的关系，应有比较详细的描述，这是很重要的一段。以后红军提出了合作抗日的三个条件，在人民中间引起反响。因为这时日本侵略以后，中国的政治形势发生了很大变化，产生了福建人民政府。福建人民政府的性质虽然仍是一种军阀之间的战争，但这个斗争有一个根本的不同，就是这时候不管他们主观怎么样，它不能不用抗日的旗帜，而且联合共产党。所以，对于福建人民政府，共产党的政策是完全错误的，这是一种愚蠢。我们对福建人民政府应有准确的表述。也不是说他们就特别好到怎么样，仍有它的局限。但是它走出了这一步，影响很大。这说明统治阶级在分裂。无论真抗日、假抗日，都要打出抗日的旗帜。两广事变就不同了，特别是在西安事变以后，说明蒋介石如果不抗日，他就统治不下去。所以，这十年中党在国民党统治区的工作，应该有一个完整的叙述，不要好像共产党就都是犯错误。这时还是做了很多工作。这个时期在国民党统治区的许多大城市虽然犯了很多错误，但是群众的抗日斗争是持续不断的，没有这种斗争的历史，就不会有一二·九运动,也不会有救国会这样强大的群众组织,不会有左翼文化运动。

党在这个时期确实是做了很多的工作,其中有些工作是以群众组织的名义,并且动员了上层的很多人。比方在上海召集过一些会,其中有些是国际性的会议,其中有些是依靠共产国际。有一些地方英国的马来勋爵参加的反战活动,也是共产党领导的。对于这个时期的斗争,国际的声援作用是不小的。爱因斯坦为了中国的事情,就签过很多次名,发表过很多次宣言。还有很多国家的工人运动,都支持过中国革命。对这些方面没有做适当的表述,这有点交代不过去。好像这些人做过的工作,现在都不承认了。有些会议是宋庆龄主持的,她冒着很大的危险去出席。这完全是共产党领导的,宋庆龄去,也是帮共产党的忙。这是很大的事情,不能都不提了。写这么一部党史,不说到他们,共产党就有点儿戏了。很多人都因此牺牲了,现在我们写的历史都不算了,或者说成"左"倾错误就完事了,这是不行的。

土地革命战争时期,一定要有单独的一章写国民党统治区的人民斗争。因为在革命的历史上确实革命的战争是根本,这也是血的教训,大革命的失败就是这样的。不过,土地革命战争跟抗日战争情况不同。抗日战争形成全国规模的战争,而土地革命战争是小范围的。但没有土地革命战争,也就没有后来的党,党也就完了,革命也就完了。但不能因为这样说,就对国民党统治区的人民斗争,党的斗争完全不写了。对一二·九运动以及全国的救亡运动,要有比较充分的表述。就是解放战争时期也是这样,也要把国民党统治区的斗争说具体。这是一个比较重要的问题。

另外,在结构上,抗日战争部分写得头绪不够清楚,前后有些交叉,经常把后面的事情写到前面去了。怎么把它的头绪理得清楚一些?游击战争没有很多可说的,当然不能说这样的话,问题是要有充分的研究。要研究抗日根据地山地游击战、平原游击战,它的高潮是怎么形成的,是在什么时候,遇到什么困难,然后又在什么时候在更大的范围内掀起更大更高的高潮。抗日战争中,人民的军队大大发展了,人民充分组织起来。形式上,有这个会那个会,事实上是千军万马,支援前线。男女老少,家家户户,都参加反对日本的斗争,确实是这个样子。所以日本人来扫荡时就把全村的人,不分男女老幼都杀光。这是为什么呢?因为抗日战争确实成为全民族的战争了。这样,党也得到很大的发展。党为什么能够大量地、很快地发展起来呢?为什么能产生大批的干部,建立大量的政权和革命武装呢?这是很重要的过程,因为有这样的过程,所以我们最后才胜利了。为什么说靠手推车取得了淮海战役的胜利？抗日战争的时候就是这样，确实是很广泛地把人民群众吸引进来了。对这一过程要有比较充分的描述。当然把每个根据地一个一个地去叙述也需要，但不能以这个为主线。如果单独一一介绍也比较枯燥。还得研究一下抗日战争这部分如何安排。要把党发动人民的过程和人民觉悟的过程写出来。抗日根据地当时虽很小，却在国内造成很大的影响，不但在国内，在国际上也产生很大的影响。最明显的是美国空军降落在抗日根据地，这就产生了很大的影响。美国人亲自到根据地来后，认为共产党是真的抗日，国民党不能与之相提并论。

抗日战争部分究竟怎样组织，我还没有想好。怎样才能把人民战争充分反映出来，抗日战争中各种政策的形成（这不是指毛主席《论政策》中的政策），我们怎样组织群众，发展游击战争，怎样组织群众反扫荡、反清乡，在最困难的时候如何利用两面政权，等等。确实，国民党也搞曲线救国。但我们和他们的搞法是完全不同的，这可以形成鲜明对照。蒋介石没有做汉奸，但国民党派了很多人去做伪军。我们发表过系统的材料。这是国民党的政策。共产党不但完全没有这样的事，而且真正利用两面政权支持了抗日。这是人民的智慧，也是党的智慧。中央是根据群众的创造提出这些政策,并不是先提出这些政策再找群众。共产党也到日伪军组织里去做工作。潘汉年就做情报工作,这当然与到国民党那里去谈判是不同的。这些情况也要反映。对抗日战争要展开写,采取什么形式,要好好考虑一下。现在这样显得太弱了。党的发展、人民军队的发展,不那么简单,并不是数目字一下就出来了。抗战,在不同条件下有不同的特点。华中没有多少山,与华北不同。华北有些地方也是平原。至于东江、海南岛又是另一种情况,这方面也可以表述一下。

　　解放战争的文字在整个书稿中是写得最流畅的,但是这个流畅里面是有很大缺欠的。其中大量的是用毛主席分析过的话,新的东西少些。解放战争部分要研究怎样写出一些新意,怎样把国民党的失人心,共产党的得人心说得比较充分。另外土地问题在中国革命中十分重要,虽然土地斗争中犯了许多"左"的错误,但如果没有土改,人民在解放战争中很难支持下去。为什么国民党那么大的优势,而我们能支持打到国统区去,那么大量的国民党俘虏兵,今天被俘,明天就参加解放军,这些方面要有充分的叙述。战争中的人力是从哪里来的?一方面解放了农民,一方面从国民党军队中来。我们的解放军同国民党军队形成尖锐对比,使国民党士兵和下级军官感到确实大不相同,所以俘虏能很快掉转枪口。要总结大革命失败后到这段时期党的威信大大提高的原因。

现在是不是研究一下如何建立一个分工？我只是提出一个方向，能做到多少还要看实际的情况。不可能十全十美，这有一个长期的工作基础的问题。总的是要力求做好些，多一些新的材料。另外要安排一些具体材料，比方关于人的，包括领导人的要做些描写。国共双方的，甚至对于日本侵华战争中的主要人物，也要做些描写。共产党方面的人物也要做些描写。不需要很多的文字，得有这个思想，要给人一种感觉，这个人就是这个人。把党的干部排排队，选选材料，找些新材料。新材料也包括党外各方面的、国外的材料，选好材料才好动手。在收集材料方面要有分工。还可考虑与近代史所现代史室建立一种合作关系，这样至少利用材料能有许多方便。统统自己找比较困难。一定要做到分工合作。反正这个书是要让人看的，与其事先没有参与，说我手中有多少材料你都不知道，与其落得这么一种评论，倒不如事先请他们合作。搜集材料还包括占有材料，这些材料并不是都摆在书架上。像陈铁健写《瞿秋白传》，确实看过很多材料，知道许多材料，如果没有占有的过程，短时间掌握是困难的。要仔细研究一下，哪些材料党研室已经掌握了，以前没有注意利用。哪些要借重文献研究室、近代史所。甚至一些国外的，没有翻译的，可能一些同志比较熟悉，有关中美、中苏关系，共产国际与中国革命的关系的。世界上的人对于中国革命历史的评论、叙述，不属于中美关系，不能单从中美关系这个角度看。这些材料不必用很多，而是适当引用，还没有翻译出来的在这本书里第一次引用，这就给这部书增光了，显出占有的材料比较多。

党史里面有一些两方面交叉的问题，但交叉的不会很多，这里引用的只是一个擦边，但这个擦边可能就很重要。比如说中山舰事件，这里不可能都插进去，但如利用一些材料可能起到一些特殊的作用。党史与中华民国史还是有不同的分工，而且党史我开头就讲了不是政治史、军事史，重复太多不符合体例。但要有视野，了解就说得内行，要不就说得外行。

另外党内材料也不够熟悉，很多方面都有问题，要增加的材料也包括已写了的材料说得不够清楚的，因为对当时的情况不够熟悉，单靠档案不够，要有些活材料。

要把历史上比较特殊的问题写出来。如琼崖纵队的历史就比较特殊，一个岛，与中央也没有多大联系，从土地革命战争到解放战争，这段斗争在书里应该说到。《瞿秋白传》里说到农民运动有个沈玄庐，萧山的农民运动最早，这段历史要不要提，也得研究一下。特科的历史，在战争中破敌人的密码，我们了如指掌，他们一直搞不清，这始终是我们作战胜利的一个很主要的方面，这应该提。再如左翼文化运动，对革命战争做出重大贡献，不应不提。像张申府这样的人，就是要恢复名誉。他是党的最早的发起人之一，并没有做过对党不利的事，应当在书里对他有适当的评价。

还是先要有信心，能出一个本子，使人感到有新意。至于能做到什么程度，这很难说。有新的材料、新的论点，这是完全能做到的。结构方面也可以做些调整，使党史有新的色彩。做到这些，有困难，不是不可克服的困难。大家来合作攻关，可以攻下的。

从大革命到抗战时期党史的若干问题

胡乔木

这是胡乔木在1988年10月4日就《中国共产党历史》上卷书稿修改问题与两三个有关同志的谈话。曾在《山东党史》1998年第2期发表。我因为参加上卷第二编的修改，所以也参加了谈话。这次讲话的记录稿后来也收入《胡乔木谈中共党史》。现根据我当时的记录进行了校核和补充，供读者参考。

中共六大上布哈林的讲话和斯大林是一种性质的,无非是认为知识分子靠不住,要避免说成只是布哈林的。共产国际的许多材料在苏联已经公开了,在书中要有所反映。你不说,一是表示你不知道,二是知道了不敢说。只要你不特别去渲染,事情还是要说的。看分寸,写得太多了也有坏处。苏联公布有关斯大林的材料非常多。如中共六届四中全会,我过去也不大清楚其中许多事,书稿中也没有写清楚。最近看了些材料,是这么回事。国际对李立三的态度前后所以有改变,不但因为李立三说了拿下武汉再与国际算账,最关键的是他想把苏联拉进来,把苏联拖进中国的战争。这下国际便恼火了。立三路线本来没有叫路线。周恩来、瞿秋白在苏联商量好了,离开莫斯科的过程中,看了李立三在会议上讲话的记录,于是将李立三的错误大大升格,搞得恩来同志十分为难,措手不及。这以后,王明上台。三中全会被说成是调和路线。我们搞党史搞了那么多年,这样一些问题都说不清楚就没法交代了。有些重要关节要叙述得比较详细,党史书稿里写得稀里糊涂,对人们了解历史的真实没有什么帮助。党内那么混乱确实搞得太反常了,共产国际的领导方法太荒唐了。这些问题是当时的制度造成的。

1937年11月王明回国,好像是代表共产国际,所以毛主席也不好随便表态。毛主席说他在十二月会议上没有多讲话。王明的讲话在党内传达了，批评抗战初期我们讲独立自主搞过了头，说国民党没抗日时要逼它抗日，当它抗日了就要帮助它抗日，靠它领导，也就是说共产党要处于协助地位，强调正规军、正面战场，说这是主要的，不要过分强调敌后战场、游击战争，说国共两党都是全国优秀青年的总汇，把国共两党放在一个水平上。王明还干预到军事方面，华北方面就直接干预，虽然是一步一步提出要求。在组织上也提出要求，认为延安不能称为中央，因为在长江局里的中央政治局委员人数不比在延安的少。王明直接给朱、彭打电报。党内搞乱了，没有个中央了。毛主席在很长一段时间在延安打电报，用毛洛康王陈李，不敢用中央的名义。国民党进逼也比较厉害，这样就不能不反击了。八路军留守处的布告就是这时候出的。王稼祥回来，传达了共产国际支持毛泽东的意见，当时共产国际知道了中国共产党内的一些情况，在这种形势下毛主席才敢讲话了。毛主席说王明在十二月会议上的讲话是他最后的一次欺骗。以后共产国际还有许多事情中央不得不接受。所以在延安一段时期内中央与共产国际的关系很紧张。这也包括苏德条约的问题，当时毛主席也写了文章表示支持。

党史要多讲事实，要叙述大量的丰富的事实，因为历史是由事实构成的。观点要通过叙述事实来表达，必要时做点概括。主要通过叙述事实，表达我们的看法、评价、分析，不要把表达观点与叙述事实完全隔离开，隔离开写出的东西就会枯燥无味，使人不想看。所以还是要准备对书稿做比较多的修改。否则这本书在党史界、史学界、国际国内不容易站住。

抗日战争要分段写。最近我看了吕正操的回忆录，里面谈到好些重要的事：一是，东北军的历史，张学良的历史情况，张学良当时的情况，张学良部下里左派的活动及发展。党史如果不把这些事实写进去是不行的。不但要写邹韬奋，杜重远也要写，他是为革命而牺牲的。这个人品格非常好，他的夫人在《解放日报》上发表过文章，讲到他在新疆牺牲的情况。吕正操的回忆录写清楚了东北军如何走上联共抗日道路的历史。

我想还是要分阶段。对各个解放区的重要情况及发展变化，如何克服困难，采取了什么对策，这些历史还是要写，不然不成其为抗日战争的历史，好像共产党在抗日战争中没做什么事。抗日战争史，尤其抗日战争中共产党的历史，除了写党的方针、政策、策略的形成变化以外，还要写具体的人物的活动。吕正操的回忆录中可以看到共产党能如此深入群众、与人民群众共生死的关系,假如只是抽象地说就没有意思。要讲出具体的情况,具体的事实,要生动叙述根据地在敌后怎么样发展。当然怎样写要做研究。各个根据地的情况大同小异,在写的时候要有选择,面上要兼顾哪个是主要方面,哪件事特别有代表性,多说些。华北和华中的历史地理情况、敌伪政权的情况不尽相同,八路军、新四军发展情况也不一样。大致上最困难的时期各个根据地差不多,也不完全整齐划一。历史就是这样,这些特点都应当写出来。这样才能说明为什么抗日战争奠定了中国革命胜利的基础。当时人民在敌人面前为了保护一个共产党员宁肯牺牲自己、牺牲全家。历史就是这样形成的。党就是这样依靠群众才能坚持,才能发展的。

红军时期在这方面也写得不够,要有些具体说明。红军战争之所以能够发展,不是单靠打仗。要以少胜多还是要依靠人民,这是政治条件决定的。群众受了红军一定的政治影响后,绝大多数群众是拥护我们的。中国的阶级压迫太厉害了,谁能推翻压迫,群众亲眼看亲身感受了,就支持谁。在最困难的时候,人民也愿意支持红军、保护红军。这个情况在整个党的历史的叙述中都要写得很充分。

国民党统治区的斗争过去写得太少。国民党统治区里共产党也做了很多工作。尽管有很多错误,许多共产党员、党的干部确实是拎着脑袋来从事革命活动的，他们也得到了群众的支持和保护。在地下斗争中培养了一大批干部。吕正操他们活动中就受到刘澜涛、孙志远他们的帮助。孙志远是师大的学生，30年代初就做国民党军队的工作。这些工作是不能抹杀的。

当时共产国际派人来中国活动，有的被国民党抓了，我们党组织营救。有的是用共产国际搞的左翼组织的名义，在上海召集过一些会议，这些会议本身没有多大的结果，但这类事情也还是要说的。那些活动有许多党外人士参加，不说这些，好像不承认似的。党本身的活动有重大意义，当然是主流，当然要表现，但支流也不能完全不表现。许多革命先烈，包括非党的进步人士，我们现在还在纪念他们，因为他们为革命牺牲了。这些人应该在党史中有所叙述。我们在考虑党史书稿的框架的时候要安排好，要把他们放在适当的位置。

党史对方方面面的人物、事件要考虑得比较周到。从何长工写的回忆录里，我们可以看到，建党时旅法勤工俭学的活动有比较特殊的意义，因为它产生的党的早期革命家很密集，出现一大批革命家。旅欧的建党活动是他们革命斗争的结果，不是有了党才进行革命斗争。在那样一种特殊的条件下，产生了那么一大批革命家，包括现在的小平同志、聂荣臻同志、蔡畅同志等等都是。这方面我们这个书稿没怎么说,只是提了一下,应当改得充实一些。

十月革命时,在俄国的华侨里面有一些人也是参加了斗争的,有些人在苏联加入了共产党,这里有杨明斋,还有一个人,后来回国在肃反时被肃掉了。中国共产党开始形成的时候,国际派他们到国内来,这样一些人的活动也要提到,不提好像就把他们抹杀了。

历史上有许多权力集团和权力集团的斗争,互相争夺。孙科也要把自己地位提高些。蒋介石是新起的,国民党有些人看不起他,反而把他们挤到旁边去了。

这里,冯玉祥起的作用很重要。大革命中冯玉祥表现不好。蒋介石搞四一二反革命政变,冯玉祥起了很坏的作用。当时我们要做冯玉祥的工作,把他争取过来也不可能。我们主要还是要靠自己的力量,但当时党还没有那样一种力量,自己不能控制局势,只得把希望寄托在冯玉祥身上。当时党只是搞群众运动,认为这高尚,而把掌握政权、军权看作卑鄙的东西,不是党应该干的事。实际上我们也没有掌握政权、军权的本领。革命好像火烧起来了,党要起作用,而党不能控制局势,不知道怎么掌握,把希望寄托在冯玉祥身上。那时,冯玉祥被当成左派,好像力量很大,其实也没有多少大的力量,冯玉祥一倒过去,武汉政权惶惶如丧家之犬。除了真正的左派以外，不少人不反革命也没有办法。蒋介石要夺取政权。他在南昌时要把政府迁到南昌去，以南昌为中心，他羽翼还没有长满，武汉当然反对他。这斗争，他表面上失败了，让步，武汉还是中心，到上海就叛变，南京成为新的中心，与武汉处在正面冲突的地位。蒋介石成功，就是武汉政府失败，斗争非紧张起来不可。共产党和他们一样把希望寄托在冯玉祥身上，完全是未知数。

　　大革命的高潮，关键还是国共合作。当时的广州成为全中国注意的焦点，要革命的人都往广州去、黄埔去。五卅运动是很大的革命运动，虽然最后失败了。假如没有广东这个革命根据地，大革命的兴起不会那么快。这显出革命根据地的重要，尽管它还不能算作我们后来建立的那种真正的革命根据地，但有了广东根据地，在广州有政权，省港罢工才能顺利发展。共产党本来应当从这里得到教训，要掌握政权，拥有军队。虽然在这方面我们做了很多努力，但生怕喧宾夺主，总是说国民革命本来是国民党的事，共产党不能包办。这种观点并不是陈独秀一个人的观点，这是当时中央占主导地位的观点。所以对中山舰事件、整理党务案就没有办法。实际上不是没有办法，好像拿出什么办法来对付它就问心有愧，就是越俎代庖。革命就是这样，像角斗一样，要么你掌握主动权，要么你就陷于被动，做出牺牲。季米特洛夫在法庭上就引过歌德说过的这种意思的话。用中国话来说，就是你不为刀俎，就为鱼肉。共产党人嘛，本来应该为人民夺取权力，你把权力交给地主资产阶级，那怎么成呢？袁世凯虽然换了蒋介石，那还是不成的。

蒋介石有统一的名义，反对他是不容易的。蒋介石的统一虽然实际上没有实现，但他造成的貌似统一局面，在全国人民中间还是有很大的影响。张学良反对日本，同意易帜，与这个问题是有关的。尽管蒋介石几次牺牲张学良，只能下野出国，张学良还是死心塌地地拥护蒋介石。就在西安事变之后，还跟着蒋介石到南京去。这说明中华民族对统一有要求，对蒋介石在某种程度上表现了这种要求。苏联之所以那么看重蒋介石，跟这一点也有关系。抗日离开蒋介石确实也很困难，虽然用他的办法始终没有实现真正的统一。我们说蒋介石是新军阀统治，但相对来讲同北洋军阀时期还是大不相同。当时中央政府能直接指挥的军事、财政力量，所能动员的人力物力，都比北洋政府强。我们共产党是真正实现了统一的。没有共产党，不可能达到真正的统一，反帝反封建也搞不起来。只要一反共，革命就完了，就不可能反帝反封建。共产党要走到政治军事的中心，要做很大的牺牲，走很大的迂回的道路。

大革命开端从1924年算比较合理。1925年主要是五卅运动，它比二七大罢工规模大得多，但是五卅运动如果没有广东的斗争接下来，没有北伐，也形成不了大革命。那时陈独秀不懂得北伐的意义，事实上，没有北伐就无所谓大革命，只能局限于广东。共产党把大革命发动起来，但不能领导，没有政治经验，没有政治胆略，胜利逼到面前来了，反而退却了。蒋介石在同共产党斗争时，搞赌博冒险，开始时是比较心虚的，他的力量是一步一步在冒险得手中增长起来的。每前进一步，成功了，力量就增长一些。他在南昌时就想挑起迁都之争，后来失败了，做一点让步。到武汉时，各种力量集合在一起，但共产党不能形成中心，实际上力量是很不牢靠的。到四一二时，蒋介石觉得力量可以了，有把握了，就拿起刀来。

党史虽然不是政治史，但是写的时候，要以正确的政治史的观点做背景，有些背景要交代清楚。党史的中心终究是党本身的历史。但如果说不清背景，党史也说不清。

中国大陆，如果没有共产党领导，帝国主义决不会放弃。另外一面，解决地主的斗争，在台湾和大陆的条件完全不一样，在台湾没有多大的周折。国民党毕竟是从大陆去的，与台湾的地主没有千丝万缕的联系；而在大陆，国民党反革命后就完全依靠各地的地主。

党史第三编要在一个地方专门讲一讲苏区的面貌，经过土地革命后农村的生活图景。在其他章节关于根据地建设都是自上而下地叙述的，这里要从农民来写，要把农民的实际生活状况，农民在斗争中的主动性、积极性、创造性专门讲一下，表明革命是反映了群众的要求，群众是要求革命。他们在革命斗争中做了主人。革命使农村发生了翻天覆地的变化。书稿中大量篇幅都讲军事斗争不成。不只是军事问题，实质是政治问题。农民在斗争中坚决拥护中国共产党，反对国民党。假如没有农民的这种坚决支持，红军的发展根本不可能。不光是说第三编，其他几编也要抓住这个线索，防止把农民写成一种消极力量。有一个地方集中讲一下这个问题，对于了解整个时期历史变化是有必要的。

在一二·九运动后，可以专门写一段国民党统治下中国知识分子的状况，写他们政治态度的变化和对党的支持。当然其他抗日民主运动中也有知识分子参加，但在这里专门讲一段知识分子有必要。讲知识分子，范围可以讲得广泛一点，不限于当时一二·九救亡运动的范围。前面讲了国统区的文化运动，这里注意衔接起来，不要重复。

大革命失败后，知识分子经历了一段比较消极的时期，有些原来比较活跃的人物退出革命，如施存统发表了声明，茅盾当时也消极了，他写《幻灭》《动摇》《追求》三部曲的小说，就是表现这种消沉情绪的。有那么一段时间，左翼文化人的范围搞得比较狭窄。九一八事变是很重要的，知识分子的思想有很大变化。九一八以前蔡元培也是赞成清党的，九一八他挨了学生的打，态度变化了。所以民权保障同盟的活动是重要的。

从建党到大革命，工人运动比较突出、比较活跃。大革命失败后，工人运动很难形成全国性的运动，而农民运动在党的领导下得到特殊的发展，所以要有一专节讲农民运动。农民运动加上知识分子两者结合起来，并以红军为主力，这样，抗日战争就发展起来了。民族资产阶级也要求抗日，但成为一支独立的政治力量还比较难，直到抗战后期，才慢慢表现出来。我们的书稿中要注意写好这几方面。

对每一个时期找出几个关键问题来写，使历史显得脉络分明。防止写的时候一个小题目一个小题目列得很多，一个方块一个方块，互不联系，这样的方法容易把文章作死了。有的议论，如长征的意义当然很大，专写一节，不容易写好。还有个麻烦：到底放在中央红军到达陕北时写好呢？还是写到一、二、四方面军会师时？放到一、二、四方面军会师时好像不那么自然,因为这时它对历史发展没有那么大的作用,这时候历史的主线是西安事变。

写抗日战争、解放战争也是一样,要找几条历史发展的主线,这样材料才好组织,文气才好贯穿。这不同于有几个题目,照题目作文章,这些题目是历史研究本身提出来的必然结论。你不必把它放在结论的位置上写,而是在叙述过程中表现出来。这样,叙事就有了生命,材料组织就成为有机的了。不是分许多段落,到哪个地方才做一种解释。这很难从章节标题上表现出来,要做些思索,写的时候再继续来探索。

现在就开始,把已有的研究成果充分掌握,这一点非常重要,而且要加以消化,使其连贯起来,有些文章的研究成果一个片段一个片段还比较深入,但对整个历史时期做比较深入研究的文章还比较少,我们这部党史就要完成这个任务。要通过一些关键问题写好重要的历史线索。每章不是故意去找些说法,而是历史本身有这些问题。不把它弄清楚,历史发展不容易解释清楚,文章也很难写得顺畅。我们的这部党史,事实应该比较丰富,然后按照重要的线索把它们组织起来。这样的党史,可读性就大大增强了。尽量把书写得使人感到有精彩的地方。

有几个问题还需要研究,写的过程中不得不列出标题,但不要受标题的约束，变成在一个小方块一个小方块里作文章。历史发展本身有它的条理，要注意从总体上把握历史。

关于《毛泽东思想概论》

胡乔木

《中国共产党的七十年》出版后不久，胡乔木曾要中央文献研究室写一部《毛泽东思想概论》。文献室起草了一份提纲。胡乔木看后，在1991年11月21日，找逄先知和我去谈了他的意见。本文是根据当时的记录整理，未正式发表过。

看了一下你们的提纲，另外写了一个，跟你们写的有一些相同，有一些不同。写完以后觉得题目太多，好处是把他一生的历史发展都写到了。但作为概论，又是个缺点。我目前没有想出个好的办法。

提纲从中国革命的兴起讲起。毛泽东思想有个背景，要讲马克思主义的原理和毛泽东思想的形成。第二是讲马克思主义普遍原理和中国革命的具体实践相结合。这有一个过程，相当曲折，是了解毛泽东思想不可缺少的背景。然后再分专题讲。

首先，中国革命中的农民，包括农民的土地问题、革命根据地、农村包围城市、中国革命中间有关农民的问题。

第二，中国革命中的资产阶级。又联合又斗争的统一战线，不限于资产阶级，但特点主要在资产阶级方面。

第三，中国革命中的武装斗争，人民军队和人民战争，走向胜利的战略。走向胜利的战略，只在人民战争中间讲包括不了。还有十年内战，抗日战争中的持久战，也可以把发展进步力量、争取中间力量、打击顽固势力当作战略问题讲。战略是广义的。

第四，讲新民主主义理论。无产阶级在资产阶级民主革命中的领导权问题。领导权问题在大革命时期就发生了，在《新民主主义论》中做了总结，把它理论化了。新民主主义是向社会主义的过渡。还要讲人民民主专政。这里要说到它的形式，是人民代表大会制度、多党合作制度、对反革命的专政、军队的地位和在国家中间的作用等。在其他地方不容易说到。没有人民的军队就没有人民的一切。

两个十年，还有经济建设和文化建设，防止和平演变。

独立自主的外交政策。这是从抗日战争开始就有的，同苏、美关系。但这不好叫和平外交政策，它还包括了同共产国际的关系。

党的领导和党的建设，思想方法和工作方法，价值观。

对价值观这个问题，过去没有涉及，这是个重要问题。要讨论毛泽东的哲学思想，不能只限于思想方法，价值观也是很重要的方面。现在人们讨论得很多的是这个问题。跟美国谈判，也各有各的价值观，主要不是各有各的思想方法。

毛泽东思想和中国历史、中国文化（注：这个题目，文献室拟的提纲里原来没有）。不讲这个不好，只说马克思主义的普遍真理跟中国革命的实际相结合，还不完全。它有一个历史背景，有一个文化背景。这本来很明显，写概论不能回避。

最后，写毛泽东思想的历史地位和毛泽东思想的发展。

还可以多研究几次。可以同斯大林的《列宁主义基础》比较一下。它讲了十个问题，我们列了十八个问题。历史根源、方法、理论、无产阶级专政等等，不必都去套斯大林的那些。他们那个比较概括。陈伯达那几个题目（注：陈伯达写过一本《论毛泽东思想》），你们可以看看。比起来，我们的题目比较多，看看有没有办法再概括。全书可以适当地引一点马恩列，要有一些论述，来表现毛泽东是怎么发展了马克思主义。不要故意去引，是引必要的。如果全书都不引，就不好，这也是一个背景。

着重讨论马克思主义理论和中国革命实践相结合时遇

到的困难,以及在中国革命发展中走过的歧路。比如党对农民问题、资产阶级问题、战略问题,都有许多争论。要写出这些争论,才能显出毛泽东思想是在同错误观点的争论中形成和发展的。还有跟共产国际的关系。思想方法问题要展开些讲,九篇文章(注:指毛泽东在1941年所写的《驳第三次"左"倾路线》,《毛泽东文集》第2卷中发表了它的节录)驳"左"倾里面,讲思想方法的内容还不少,平时大家一般都只引《矛盾论》《实践论》。

当然,除了正面讲思想方法的材料以外,还要大量用他的实际行动、各种具体表现来讲,否则成了专门讲哲学的书。实际上,毛泽东思想方法,还是要从他的全部著作、全部活动来看。

资产阶级里面包括中间力量。资产阶级不是铁板一块的,对大资产阶级和对民族资产阶级又是一种有所不同的政策,但根本上还是资产阶级。小资产阶级也要联合,各个民族也要联合,可以不讲,讲起来有些像教科书了。本质的问题是讲资产阶级,包括中间力量问题。

无产阶级领导权是民主革命时期的问题。对民主革命,无产阶级要进行领导,这不只是《新民主主义论》这本书中讲的。毛一生的工作、斗争解决了这个问题。这不是写篇文章就可以解决的,它由一系列的战略、策略、斗争来构成。单拿《新民主主义论》的一些章节，不能完整地表现这一点。首先，国际范围内的问题以前没有讲清楚，无产阶级对资产阶级革命是什么态度很长时间也没有找出个办法。共产国际对革命的领导问题抓不到点子上，关键还是领导权问题。光正面讲不行。如何实现领导权，要对照一下王明是怎么理解的。他不敢说无产阶级可以领导资产阶级，这得到共产国际的支持。

实践证明，毛主席是正确的，斯大林、共产国际、王明这一套行不通。当然，这和中国革命中的资产阶级状况有很大关系。区别在什么地方？这跟我们已经有了相当的政权有关。大革命、土地革命时我们的政权还不能说起了多大的作用，江西的苏区说不上对全国有多大影响。抗日战争时期，陕甘宁边区就吸引了国民党统治区许多人、民主党派和外国人，他们非常羡慕和向往，觉得那里的情景闻所未闻。这是毛主席一生最重要贡献之一。新民主主义这样讲，才能讲出它的真正精髓的地方。同时还表现了比较复杂的抗战中的领导权问题。搞了大片的解放区，发展了很大的八路军、新四军，成了建立新中国的基础。在政治上吸引了全中国，然后解放了全中国。这个时期的活动以及采取的政策，已经远远超过了统一战线的范围。

所以新民主主义这一段，范围比题目所想到的要广阔。

新民主主义的理论和实践概括的范围要更宽一些。领导权不仅是斗争策略问题，领导权要有实实在在的资本。大革命时期也讲领导权，确实是空的，没有实力，所以领导不起来。有了八路军、新四军、解放区、陕甘宁边区，就有了资本。国民党承认也罢，不承认也罢，不承认就是内战。到重庆谈判时就表现出来了。普通老百姓不一定拥护解放区，但是反对内战，我们争得了这个地位。如果按照斯大林、王明的想法去做，根本不可能这样。

对社会主义建设，比较起来，毛主席的贡献和新民主主义确有不同。社会主义改造，放在过渡时期里面讲。在经济建设、文化建设方面的内容不太丰富。

过渡时期总路线从中华人民共和国成立时开始，这是很有道理的，从这时起开始了向社会主义社会过渡的时期。

价值观从几个方面来讲，一个是人的地位。世界上一切东西中，人是最可宝贵的。然后，人民与群众的观念。理论和实践的关系，除了思想方法（认识论）以外，也有价值观的一面。毛主席说要深入群众，不尚空谈。空谈的范围包括得很广，不是任何空谈都没有价值。哲学史上很多可以说是空谈，康德、黑格尔哲学也可以说是空谈。而对革命家来说，如果讲得很多，而没有干一件实事，就不行。还有许多题目，如生死观，死有重于泰山，有轻于鸿毛。对张思德的评价，也是价值观的问题，这方面的内容相当丰富。

群众路线，可以放在工作方法里讲。思想方法与工作方法在一起了，毛主席在这方面讲的内容很丰富，不限于《关于领导方法的若干问题》。他谈工作方法的地方很多，以后在西柏坡也讲了很多，也是讲工作方法。如以后的《工作方法六十条》，整体来讲是不太成熟的，但有些东西还是有价值的。

《毛选》的附录（注：指《关于若干历史问题的决议》），第二版是不是删掉了，我没有留心，是不是可以考虑恢复原状？本来是附录，本来应该按照原状的。可惜第二版的时候没有提出，如果提出来，我就会支持，否则对历史太不重视了。历史文件那么郑重其事地讨论通过，编毛选忽然改动，恐怕不妥。（注：《毛选》第二版中没有删掉。）

文化革命和技术革命，放在不断革命的范围里面讲，说哪一天哪一月开始，我反对。这样讲不通。

动笔的时候会想得更仔细，今天"议而不决"。对错误，在这本书里怎么提，要很谨慎，还得仔细研究。

这次谈话快结束时，我们向他报告，经过这一段摸索，有一个想法：可否先写一部《毛泽东传》，从研究他一生思想和实践的具体发展过程，再考虑写概括性更强的《毛泽东思想概论》。胡乔木问：你们现在写《毛泽东传》有把握吗？我们说：可以试试。他同意了这个意见。这就是中央文献研究室编写《毛泽东传》的由来。

附录二

在毛泽东研究述评会上的讲话

胡绳

1991 年 12 月 27 日

1991 年 12 月，中共中央文献研究室为了准备纪念毛泽东诞辰一百周年的学术活动，举办了一次毛泽东研究述评会。胡绳在会上做了讲话。当时，正处在苏联解体、东欧剧变的过程中。胡绳联系这个背景，谈了中共党史中的一些重要问题。这时离《中国共产党的七十年》出版只有四个来月，讲话中也谈到《七十年》这本书。胡绳在 12 月 27 日日记中写道："下午应金冲及约，赴毛泽东思想座谈会，说了一小时话。"这篇讲话似乎没有发表过。因为在大会上讲话，说得稍慢一些，我记得相当完整。现据当时笔记本整理如下。

你们在讨论毛泽东思想，在世界上正发生一个大变化：苏联瓦解，苏联的红旗真的倒下了。这看起来可能并不奇怪。几年来，我们国内的资产阶级自由化在泛滥，如果再扩大十倍、一百倍，也可以想象到苏联的情况。这么大个国家几天就瓦解了，在历史上也是少见的。古代也有大帝国崩溃，那是经过战争，或者几百年、几十年时间。戈尔巴乔夫上台只有六年，就出现了这一幕。

对我们也提出一个问题，苏联党九十年可以涣散、消灭（当然不是完全消灭了，但不存在了），可以在一朝一夕间崩溃，那么中国怎么样？世界上有人推论中国也会这样，中国也到时候了。这件事要警惕。毛主席早提出过无产阶级取得政权后，还有亡党亡国的危险。这在当时还只是警告，现在事实摆在面前，不能置之不理。苏联的瓦解有外国的因素，西方帝国主义在搞和平演变，从各方面影响它。但只有西方帝国主义的力量，不能这么快。它要搞和平演变是肯定的事情。但外来力量一定会使社会主义崩溃？那没有必然性。苏联社会主义崩溃不全是外来因素，那是鱼烂而亡，是从内部烂起。"鱼烂"出自《公羊传》，说梁国亡，是自己亡的，像鱼一样，从内部烂起来而亡的。如果自己不烂，光外国也不会有这样的结果。我们中国共产党坚定地走自己的道路，接受了苏联的教训以后，加强自己的内部，加强自己的工作，不能说"苏联的今天一定是中国的明天"。

中华人民共和国有什么根据，可以坚强起来，不至于出现大的失误，不至于走向苏联的道路？我们在写《中国共产党的七十年》中说了一句：中国是一个与欧洲任何国家不同的东方农业大国，在实际斗争中积累自己的经验，不照抄别国的经验。中国在长期斗争中积累了自己的经验，形成了自己的传统，在照抄别人中有过痛苦的教训。这话是乔木同志加的，说得很好。我们不是照抄苏联而成功的，是积累自己的经验，有自己的传统。历史上曾照抄过别人，有过痛苦的教训，就不再抄，按中国的情况，找出自己的道路。这是由历史事实证明的。

当然，我们曾受到苏联很多影响，中国人接受马克思主义是经过俄国的。尽管苏联瓦解了，十月革命一声炮响给我们送来了马克思列宁主义，这是事实。它对我们有着积极的影响，但也确有痛苦的教训。中国革命在民主革命时期，由于有共产国际（实际上就是苏联）的指挥棒，吃过许多苦头。别的不说，就是30年代初王明"左"倾路线，完全是从苏联来的钦差大臣制造出来的。来了米夫，1901年生，不过三十岁，就一手扶起了王明、博古这些二十几岁的小伙子，没有多少革命经验，更不了解中国，就指手画脚，甚至指定中国共产党的领导人，将中国革命搞得一塌糊涂。又来了个李德，德国人，第一次世界大战中有些经验，在苏联军事学校学习过,来指挥红军。结果大家都知道,几乎使中国革命完全失败、南方根据地完全抛弃。说白区丧失百分之百、苏区丧失百分之九十,也许有些夸张,但到这时如果没有长征转移,确实会百分之百地被全部搞掉。

斯大林对中国革命的指导有正确的方面,如他肯定现在中国革命的性质还是民主革命,但他不懂中国的民主革命应该怎样进行:要到农村去发动农民,建立根据地,实行农村包围城市。斯大林说过要用武装的革命反对武装的反革命,但他讲的武装革命,不是共产党到农村去领导农民革命,而是以城市为中心的。如果按照苏联的指挥棒走,按照苏联钦差大臣的指挥棒走,我们在1949年不可能取得胜利,也许早已垮了。

遵义会议在长征中举行。长征初期也走了错误的路,几乎失败。遵义会议扭转了、摆脱了共产国际指定的模式,按照中国的国情、中国的具体情况找到了自己的道路,才能在抗日战争中正确地执行统一战线政策,才有敌后根据地,才有抗日战争的胜利和解放战争的胜利。

中国革命在1949年的胜利,对苏联领导人(包括斯大林)来说是不可思议的。在他看来,中国革命是不可能得到胜利的,不可思议的,完全违背了他的想法。所以有点怀疑,有点奇怪:是不是有什么另外的名堂?是不是同美国有点什么勾当？1949年胜利前夕，世界各国报上大登中国解放战争发生的变化，占领这里，占领那里，而苏联报上只有在很小的地方登。国民党政府从南京迁到广州，美国大使馆没有去，苏联大使馆却跟了去。我们在《七十年》讲了一句：苏联对新中国还有疑虑。这疑虑非常明显。

中华人民共和国建立后，斯大林的疑虑继续存在。毛主席在开国大典后第一件事：到苏联去。他从来没有出过国。帝国主义要危害我们，同情我们的只有苏联，当然要去。他在1949年12月16日到苏联。现在我们有国际经验了，知道一个国家的领袖到别国去，就是三五天、一个星期。他却一直等了两个月，2月17日才离开莫斯科。中国这样的大国在旁边取得革命胜利，应该如何热烈欢迎、支持？那次毛主席还是以为斯大林祝寿的名义去的。中央文献研究室编了些电报，多少可以看出：12月16日去，21日祝寿，然后放在一边，没有人管他了。主要因为毛主席要重新订一个中苏同盟条约，斯大林说已经有一个，那就是他同国民党政府所订的一个。来了苏联，如果空手而归，将是什么状况？只好等，等了十几天。1950年1月1日，塔斯社来问：毛主席有什么目的？莫洛托夫、米高扬也来问。毛主席提了三个办法：一是重新订个中苏友好同盟互助条约，二是发个声明，三是发个消息，我看最好是重新订个条约。如果由政府订条约，再请周恩来来。莫洛托夫才说还是订个条约。周恩来才去。到2月14日签订了新条约，2月17日离开。整整把一个中国革命刚胜利的领袖泡在那里两个月，荒唐事！借款只有三亿美元。好像毛主席提出：少借比多借好，向老大哥多借不是好事。毛主席后来说这件事还一肚子气，说我到苏联，哪儿也不去，只干三件事：吃饭、拉屎、睡觉。这不是个人的事。苏联对中国革命采取这样一个态度，不信任中国共产党。外国有些书上讲得很多，有的甚至说：毛是麦琪林（人造黄油）式的马克思主义。

当然我们现在也要平心静气地讲，苏联当时对中国不信任，不是简单地瞧不起，而是教条主义根深蒂固。革命一切要按苏联的格式做，你怎么会跳出来另搞一套？你大概是假的马克思主义。唯我独尊，你另外搞一套，居然成功，就有点可疑。可疑在你这胜利是不是党内有亲美派，同美国有什么关系？这种不信任，到了抗美援朝，看到你直接同美国打了，他才放下心来。他的怀疑、不信任，也不能说是反革命的怀疑，就是教条主义。他认为是革命的想法，唯一正确的想法。到抗美援朝以后，他比较放心了。但抗美援朝结束时，斯大林也死了。

50年代中苏关系还比较好，也有问题，如高岗问题等，但又发生了一个问题：民主革命过去了，发生社会主义建设问题。要不要全照苏联模式做？毛主席在 1956 年讲《论十大关系》，说苏联这套不行，不能按这个办，片面重视重工业，对农民挖得太苦了，一切集中在中央，不给地方、企业一点权力，民族关系不正常（就是大俄罗斯主义，没有说下去）。在《论十大关系》中，讲肃反问题没有提到苏联，但中央一直讲的，不能搞苏联的格别乌那一套。1956 年毛主席明确指出，要搞社会主义建设不能全搬苏联的做法。他还说要向外国学习，有些国家不敢这样讲。

这时，斯大林已去世了。斯大林的问题比较复杂，从赫鲁晓夫倒戈，都攻击对斯大林个人迷信。这解决什么问题？是斯大林要人家迷信，还是别人迷信他？但是，毛主席前面批评苏联建设中的那些问题却没有触及。斯大林时候的大国主义，你一切要按苏联的格式办。斯大林以后，这些一直继承下来。其他社会主义国家都得按我的格式办事，不然就要换你的领导，对东欧就是如此。他们也想把这个压到中国头上，毛主席坚决顶住了。于是就有了 60 年代初开始的三十年间中苏关系破裂，党的关系完全破裂，国家关系形式上还保持着。

大论战，现在回顾起来，我们也有说错的话，但看看他们那时攻击中国的文章，不是简单地说中国现在错了，而是一直翻到遵义会议根本错了，毛的一套路线根本错了，延安整风也错了，李德、王明倒是正确的，王明倒是世界性的革命领袖。为什么中苏闹翻了三十年？就是毛主席坚决顶住苏联，不接受它的指挥棒，不做它的卫星国，不能一切服从它。为此，不惜同苏联这老大哥破裂。不管你怎么把全世界大多数党结合起来，将中国共产党逐出教门，不怕。这是非常了不起的决定。这决心也不是一下子下的。他经过许多考虑，不断同党内许多同志商量，最后下这样大的一个决心。

当然现在也可以说，不走苏联道路，你搞了个"大跃进""文化大革命"，犯了错误。这也的确是。从一种意义上，他鉴于苏联的做法不对，写《论十大关系》时将苏联的弊端看出来，但他觉得苏联是没有将群众积极性发动起来，压制了群众，反过来，想用群众运动来发动群众，这个搞错了。我们经过这些挫折失败的教训，包括"大跃进""文化大革命"的错误。当然，如果没有这些错误，直接过到十一届三中全会，那多好！设想是如此，道路怎么走？鲁迅说：路本来是没有的，要人走出来的。不是先验地在那时就想出三中全会这一套来，而是经过摸索、犯错误，才提出来的。

不管犯这些错误，但回头看，如果50年代末我们以毛主席为首的领导，不下这个决心和苏联决裂，而是一切跟了它走，在现在这个风险中会怎么样？这个风险是有的。全国解放后，毛主席两个决心是了不起的：一个是抗美援朝,也有很大风险,没有包票一定能打下来,但力量是有的。这是一个风险。和苏联决裂,这又是大风险。在中国,至少我们这一辈对苏联曾迷信过。抗日战争时,一些民主人士也说,中国的希望在延安,世界的希望在莫斯科。那时,苏联是全世界共产党的旗手,它率领全世界的共产党来抵制你,这也是很大的风险。如果不敢冒这个风险,就得一切按照苏联的指挥棒做,中国就会和东欧这些国家一样,不过是大一点的卫星国。东欧党和国家领导人,实际上是莫斯科在指挥。后来三十年有的也有些发展,但结果怎么样?1989、1990、1991年,东欧与苏联一起垮,这是必然的。想起来真有些后怕。

从这一点可以看出,60年代初毛主席下这个决心,真了不起!也许没有1990、1991年这些事还看不清。苏联这么大的社会主义国家,人家叫作大帝国,一下子可以垮。你全跟了它跑,必然也是这样。东欧就是这样,吃了苏联的亏。本来一切由苏联支配的,忽然戈尔巴乔夫一改变,搞什么新思维,东欧那一派势力就起来,这一派的领导人想不这样做也不行了。戈尔巴乔夫一撒手不管,必然垮台。我们如果一直跟得那么紧,就一起同归于尽。

我们付出了代价,经过了曲折,从1958年开始,到1978年,差不多二十年,走了许多弯路,经过"大跃进""文化大革命"，但是，通过自己的经验，得出十一届三中全会的路线，有了根据中国情况的中国特色社会主义。在新中国成立后三十多年中，我们没有全照苏联的走。三十年中积累了许多经验（包括错误的教训），善于总结经验。小平同志的伟大功绩：既看出毛主席晚年"大跃进""文化大革命"的错误，又继承了毛主席的基本精神，独立自主，从实际出发，走自己的路，而不是回到又找别人的模式做。

同志们，研究毛泽东思想，可以在这背景下研究。中国共产党确实积累了自己的经验，形成自己的传统，集中在毛泽东思想里。小平同志的一个重大功绩，是"文革"后仍高举毛泽东思想的旗帜，不放下这个旗帜。

简单一句话，中国民主革命胜利，由于我们抵制了苏联指挥棒而取得的。中国所以在今天世界社会主义低潮中、在克里姆林宫红旗倒下时，仍然能把红旗打下去，因为我们抵制了苏联这一套办法。世界上有些人奇怪：苏联垮了，为什么中国不一起垮？回答很简单：因为我们没有跟着苏联跑。我们在走自己的路，摔了些跟斗，头破血流，但找到了自己的路，这条路是走得通的。当然，还有许多复杂的问题需要解决，但得到群众的拥护，那就是把马克思主义的基本原理同中国的实际相结合。

附录三

忆胡绳同志

金冲及

这是胡绳同志逝世后不久写的一篇怀念他的文章,原载《党的文献》2001年第1期。文章中有一句:"1991年,我随他在玉泉山修改《中国共产党的七十年》。这件事,我准备另写一篇文章来谈。"龚育之同志看后对我说:"我等着看你这篇文章呢。"现在,龚育之同志逝世也已经七年多了。整理出这本《一本书的历史:胡乔木、胡绳谈〈中国共产党的七十年〉》,也算是还了一笔欠下十几年的账。

一

新华社播发的《胡绳同志生平》中使用了"少年早慧"四个字,这是很少见的。

这四个字用在胡绳同志身上十分贴切。今年春节,我到他家去。他的秘书、也是儿媳的黎钢在座,说到她陪胡绳去看望夏衍时,一进门,夏衍就说:"神童来了。"黎钢说:我这才知道夏衍同志他们把胡老称作"神童"。夏衍和胡绳30年代中期都在上海从事左翼文化活动,但两人年龄相差十八岁,所以夏衍完全有资格把胡绳称作"神童"。"神童",我想也是"少年早慧"的意思。

我听胡绳讲过他早年的事情:他的父亲是个半新半旧的师范毕业生。胡绳入学前,父亲教过他两年,读的是古文和唐诗,也教过一点算术。他七岁半进小学,一进去就上五年级。九岁半进初中,因为年龄太小,功课赶不上,第一年留级,所以初中读了四年。高中先在苏州中学读了两年,以后从上海的复旦中学毕业,那是1934年的事。考大学的时候,报考的是北京大学历史系,结果被哲学系录取,和任继愈是同班同学。他记得的同学还有历史系的刘导生、中文系的扬帆等。读了一年,觉得在学校里读书没有多大意思,1935年上半年学校里的政治空气也比较沉闷,就离开了,回到了上海自己看书和写文章。但在北大这一年对他并不是白费,还是听了一些课,如听郑昕教授讲逻辑,在逻辑推论的严格性上不能说没有学到东西。也听过汤用彤教授的《哲学概论》和张颐教授的《西洋哲学史》。胡绳把这些归结起来说,他从1925年至1935年共受十年的正规教育,在语文、历史、地理等文化知识方面打下了一点基础。复旦中学的数学、物理,化学课本都是英文的,还可以对付。北大用英文的哲学史课本,也读得下去。如果没有这点基础,以后自己学习也会很困难,所以经过正规教育还是很重要的。

离开学校后,他一面自己读书,一面在报刊上发表些文章,收入可以维持最简单的生活。我曾问他写的第一本书是什么?他说:是生活书店"青年自学丛书"中的《新哲学的人生观》。我后来从图书馆中找到这本书,版权页上写着:1937年1月初版,7月第四版。这说明:第一,这本书正式出版的那个月他刚好满十九周岁,那么他写作这本书的时候还只有十八岁多一点;第二,出版后,不到半年时间内接连出版了四版,可见这本书很受读者欢迎,谁知道它的作者竟是一个十几岁的年轻人呢。

这时,抗日战争爆发了。他从上海到武汉参加抗日救亡的文化工作,在社会上已很有些名气。我听前辈经济史家汪敬虞教授说:"我第一次见到胡绳同志在1938年。那时我还是武汉大学的学生,学校请一些名流学者来做报告,里面就有胡绳同志。后来我才知道,他比我还小一岁。"写到这里,我又想起一件事:"文化大革命"期间,日本的小野信尔和狭间直树两位教授到中国来,说他们正在把胡绳的《帝国主义与中国政治》译成日文。那时接待的人粗暴地说:"胡绳是反马克思主义的。"他们回答:"我们认为他是马克思主义的。"当时没有什么当代人名辞典之类的工具书可查。日文译本出版时,译者在后记中说了一句：作者现在大约七十多岁。事实上，胡绳那时还只有五十多岁。造成这个失误的原因大概是：胡绳享有盛名已有三十多年，国外的学者就以为他总得有七十多岁了，没想到他还那么年轻。这也可以为他"少年早慧"添一条注脚吧！

二

龚育之同志在《初读胡绳》的题目下写道："54年前初读胡绳，我还是个中学生。"这几句话，我似乎可以照样借用。像我们这样年龄的从事社会科学工作的知识分子，在青年时代大概多少都受到过胡绳的影响，从他那里得到过教益。

《二千年间》这本书我在五十多年前也读过。它能把二千年间中国古代社会中许多基本问题，如官僚制度、军队制度的变迁等，一个一个说得那样深入浅出，一目了然，使我为之倾倒。但我不是从《中学生》杂志上读的，看的是"开明青年丛书"，那本书的封面样子我也记得。书的作者，我那时同样不知道是胡绳，只知道是"蒲韧"。

他的《辩证法唯物论入门》，我是1947年刚进大学时读的，大概也是生活书店"青年自学丛书"中的一种。这本书并不厚，但里面举的例子，有的我现在还记得。

他在解放前的著作中，对我影响最大的是《帝国主义与中国政治》。这本书是他二十八九岁时写的，我读过好几遍。每读一遍，常觉得又能从中得到以前没有注意到的新的启示。应该说，能使人有这样感觉的书并不多。1953年起，我在复旦大学开始教"中国近代史"这门课。当时史学界还存有一种偏见，似乎研究中国近代史算不上是一门"学问"，所以可供利用的研究成果不多。胡绳这本书和范文澜的《中国近代史》便成了我讲课的基本依据。可以说，解放后大学里较早地从事中国近代史教学的那一代史学工作者，大体上都是这样成长起来的。龚育之的文章里还有这样一段话："提起《帝国主义与中国政治》这样的书来，至今有人还称赞不已。这本书，尽管在史料的运用上限于当时的条件不能不显得粗简了一点，但其史识的清晰、史笔的流畅，不说无与伦比，也要说是成就很高。后来，胡绳写了《从鸦片战争到五四运动》，其篇幅和内容、史料和分析，都已大大超过《帝国主义与中国政治》，但后者还是不能代替前者。金冲及同志同我说，他很重视后者，但更喜爱前者。这个观感，不知道金同胡绳讲过没有，恐怕胡绳也会同意的吧。"

这些话，我确实同胡绳说过，话讲得还要重一些，因为在他面前我一向觉得无论有什么不同意见都可以直说，用不着有任何顾虑。我讲了以后，他没有说什么。但我同意龚的说法，认为"恐怕胡绳也会同意的"。1981年我随胡绳出国参加一次国际学术讨论会时，他对几位日本朋友说过："我在《帝国主义与中国政治》第六版序言中有一段话：'这本书难免带有一个青年写作者的弱点。'书一出来，我就后悔了：别人可以问，你现在不是青年了，这些弱点自然该都避免了？是的，青年人的弱点我是避免了一些，但又带来了老年人的弱点。"这段话给我的印象很深，可以看到一位大师是怎样永远不倦地不断反省自己的。

三

胡绳同志在学风上有自己的特点。除了他在《胡绳全书》前言中所说"无一篇不是和当时的政治相关"外，有两点给我的印象特别深，那就是知识渊博和说理性强。

胡绳曾把胡乔木称为"百科全书式的马克思主义学者"，并且说："这样的学者至少在我们党内是不多见的。"这些话同样可以移在他的身上。作为一个马克思主义学者，无论对文、史、哲、经等各门学科都拿得起来，提出很有见地的看法，这样的人确实"不多见"，可能一时还很难有人能替代他的这种作用。

为什么他能做到这样？这同他的博览群书而又好学深思有关。对读书，他主张专和精要结合。他说过：我是能快读的，一小时看一万字总不止，《第三帝国的兴亡》那样的书，一小时可以读五万字。读多了，知道有些书不需要每字每句看，跳着看也可以。就是经典作家的著作，也不需要每篇都当经典读，很多可以浏览过去，有个印象就可以。真正要精读的书，最多占四分之一。他说，要争取读得多，品种多，特别是年轻时，看一下总有些印象。他有一句话，我一直忘不了，就是："眼睛里曾经过过的，和没有过过的大不一样。"这一点，在记忆力比较好的年轻时期，尤其如此。

他的文章说理性强，表现在对人和事总是做具体分析，说得比较周全，不简单化和绝对化，就是写批评文章也心平气和，不是盛气凌人。有一次，他讲到钱锺书教授曾用佛经中一句话来评论他的文章："有理不在高声。"也就是说：在辩论中，重要的是把道理讲透，而不在于把嗓门提得多高。这种文风的养成，当然跟他年轻时长期在国民党统治区的报刊上写文章有关。在那样的环境下，如果不注意分析问题的方法，而是盛气凌人地训人，根本不会被读者所接受；在说理时，也不能简单地给人家戴什么"反马克思主义"的帽子，而要通过具体分析，把道理讲透，指出那种说法在哪些地方不符合事实，错误的要点在哪里，否则一般读者仍然不会接受。胡绳的这种文风，对我们来说，是一笔值得珍视的精神遗产。

对社会上不那么好的文风,胡绳在闲谈中常有许多一针见血的评论。记得十几年前,党史界曾有两种相当流行的风气:一种是靠抛别人难以见过的资料取胜,似乎文章水平的高低就靠它来判断;另一种是过分地把精力集中在考订一些未必都那么重要的日期和名单等细节上。有一次,我随胡绳出去开会,他在车上就发起议论来。对前一种现象,他说:什么是水平?拿烧菜做比喻,同样靠这些原材料,特级厨师和一般家庭妇女做出来的菜大不一样,这才叫水平;如果只是你有这种原材料,他却没有,这怎么算是你的水平呢?对后一种现象,他当然肯定把一些关键性的日期和名单考订清楚是重要的,但认为不能把许多的精力集中在这类考订上。他说:党史的资料实在太多了,所以这类考订文章可以一篇又一篇地做。对古代史就没法这样,例如《史记》中没有说鸿门宴的具体日期,也并不妨碍我们对这个历史事件的认识。当然,这是他在聊天中讲到的,并没有字斟句酌地去推敲,也没有做严密的论证,但确实很能发人深思。

那时候还有一种风气,就是爱做各式各样的翻案文章,认为这才是学术上的创新,才是有所突破。总的说,这是一种好现象。有些传统说法不符合客观实际,自然得改正过来,在着重拨乱反正的当时尤其需要如此。但有一些文章，对前人的研究成果采取轻率的毫不尊重的态度，甚至用一种片面性反对另一种片面性，从一个极端走向另一个极端，这也并不符合历史研究应该求真的要求。胡绳有一次感叹地说：我们应该把继承和创新联系起来。突破可不是简单的事情，也不是每篇文章都能做到的。我们研究一个问题，必须注意到在这个问题上前人说过什么，有些什么正确的意见。随便做翻案文章，未必能创造出新的东西来。对一个正确的、大家承认的观点，如果能做些超过前人的发挥，说得更清楚些，这也是一种创造性。我觉得他的这种看法比较全面。1982年10月，我在《光明日报》上写过一篇《从做翻案文章说起》，就是受到胡绳同志那段话的启发而写的。

这类议论，他平时讲过很多，可惜我没有把它一一记下来。

四

最后，讲一点胡绳同志怎样帮我改文章。这里只举两件事来讲：

一件是80年代后期，我担任主编的《周恩来传（1898～1949）》印出送审稿，共四本。他认真地看了三本，提出不少重要的意见。今年6月，他从外地回北京，我去看他时谈到这件事。他笑着说：我现在只记得看的时候删掉几十个"了"字，别的都已忘掉。他所说的这一点，我一直记得很清楚。当时，他对我说："了"字是表示过去或完成式，我们写的本来是早已成为过去的历史，除了特别需要强调的地方外，实在不需要用那么多"了"字，比如什么时候召开了什么会议，会议通过了什么决议，等等，这些"了"字几乎都可以去掉。确实，回头重新读读他删过的地方，就会感觉到文字干净得多。

另一件事是1991年，我随他去玉泉山修改《中国共产党的七十年》。这件事我准备另写文章来谈，现在只想先讲讲他帮助我改文章的事。我原来自以为还比较注意"咬文嚼字"，但在书稿的头两页上，他就提出三条意见，都是文字性的，也就是我文字不通的地方。

第一页上，我原来写着："七十年来，为着民族的解放和人民的幸福，中国共产党领导中国人民进行了长时期的不屈不挠的斗争。"胡绳除了将"为着民族的解放和人民的幸福"改为"为着民族解放、社会进步和人民幸福"，把"领导"改为"团结广大的"以外，在稿旁批道："七十年来，长时期的，重复"，再把"进行了长时期的不屈不挠的斗争"改为"持续不断地不屈不挠地进行斗争"。我原来没有觉得这里有什么毛病，读他的批语后，再想一想，"七十年来，……进行了长时期的……斗争"是同义反复，句子确实很糟。

　　同一页的下一段，我原来写着："无论在革命时期还是建设时期，中国共产党人创造过曾使举世（为）之震惊的人间奇迹，也面对过许多棘手的难题，受到过严重挫折，但不管什么困难和挫折，都无法阻挡它的前进。"他除了把"无法阻挡"改为"阻挡不了"外，在稿旁批道："它——应是指党。"自己再一看，前面写了"共产党人"，后面用了"它"，主词和代名词不搭配，成了文字不通，连忙把那个"人"字删掉。

　　第二页稿纸上，我原来写着："辛亥革命前统治着中国的清皇朝是一个卖国的、专制的、极端腐败而深受人民痛恨的政权。"胡绳一面看，一面对我说："辛亥革命前统治中国的清皇朝"，就该包括康、雍、乾时期，对那个时期总不能说它是卖国的、极端腐败的吧！只能说到它的晚期如何如何。他接着又说：但专制这一点，不能说到晚期才有的。于是，他提起笔来，把这一段改写成："封建专制主义的清皇朝统治中国已有二百年，在面临外国帝国主义侵略的严重形势下，不能采取任何有效的自强措施，反而压制任何使中国政治和社会有所进步的趋势，完全顺从帝国主义的意愿，听任它们宰割中国。清皇朝的末期已成为一个卖国的、极端腐败的、扼杀中国的生机因而深受人民痛恨的政权。"后来，他又删掉了第一个"任何"，把第二个"任何"改为"一切"，再删掉下一句中的"完全"，避免把问题说得绝对化。我真从内心佩服他看得细，改得好。而经他改过的文字，如果我们觉得有什么不妥当的地方，也可以提出来请他再做修改。只要你说得有道理，他总是能接受。

当然，这并不是说他在修改文稿时只注意文字问题，他的主要用力所在，始终在全书的指导思想、基本思路和框架以及一些重要问题的论述上。这里把他所做的这些细小的修改写出来，主要是想说明像他这样的大师在审改稿件时对一些文字细节也决不轻易放过。这种对工作一丝不苟、极端认真负责的态度，实在值得我们很好地学习。